CODE**BAR**

Collection

Tome 1

Souffrir pour écrire

Des mêmes créateurs

Stéphane Dompierre

Mal élevé, Québec Amérique, collection Littérature d'Amérique, 2007.
Un petit pas pour l'homme, Québec Amérique, collection Littérature d'Amérique, édition
    originale 2003, collection compact 2004.
    • **Grand prix de la relève littéraire Archambault 2004**

Pascal Girard

« Le boulon d'or » dans *Québec, un détroit dans le fleuve*, en collaboration avec Étienne
    Davodeau, Casterman, 2008.
Le secret de mamie, en collaboration avec Émilie Rivard, Bayard Canada livres, collection
    Cheval masqué, 2008.
Nicolas, Mécanique générale, 2006.
    • **Prix Réal Fillion (Bédéis Causa de l'espoir québécois) 2007**
Dans un cruchon, Mécanique générale, 2006.
    • **Prix Réal Fillion (Bédéis Causa de l'espoir québécois) 2007**

SCÉNARIO :

Stéphane Dompierre

DESSIN :

Pascal Girard

Tome 1
Souffrir pour écrire

Catalogage avant publication de Bibliothèque et Archives nationales
du Québec et Bibliothèque et Archives Canada

Dompierre, Stéphane
Souffrir pour écrire
(Jeunauteur ; 1)
(Code bar)
Bandes dessinées.
ISBN 978-2-7644-0613-7
1. Dompierre, Stéphane, Bandes dessinées. I. Girard, Pascal. II. Titre.
PS8557.O4954Z47 2008   C843'.6   C2008-940155-7
PS9557.O4954Z47 2008

Nous reconnaissons l'aide financière du gouvernement du Canada
par l'entremise du Programme d'aide au développement de l'industrie
de l'édition (PADIÉ) pour nos activités d'édition.

Gouvernement du Québec – Programme de crédit d'impôt pour
l'édition de livres – Gestion SODEC.

Les Éditions Québec Amérique bénéficient du programme de subvention
globale du Conseil des Arts du Canada. Elles tiennent également à
remercier la SODEC pour son appui financier.

Québec Amérique
329, rue de la Commune Ouest, 3e étage
Montréal (Québec) H2Y 2E1
Téléphone : 514 499-3000, télécopieur : 514 499-3010

Dépôt légal : 3e trimestre 2008
Bibliothèque nationale du Québec
Bibliothèque nationale du Canada

Révision linguistique : Diane Martin et Stéphane Batigne
Conception graphique : Louis Beaudoin

Imprimé au Canada.

Pourquoi lisons-nous, sinon dans l'espoir que l'écrivain rendra nos journées plus vastes et plus intenses, qu'il nous illuminera, nous inspirera sagesse et courage, nous offrira la possibilité d'une plénitude de sens, et qu'il présentera à nos esprits les mystères les plus profonds, pour nous faire sentir de nouveau leur majesté et leur pouvoir ?

Annie Dillard, *En vivant en écrivant*

Il y a sans doute d'autres utilités à ce livre, et je vous fais confiance pour les trouver. Mon bout de chemin est fait, il vous reste à faire le vôtre.

Serge Laprade, *Moments tendres II*

LE DÉBUT

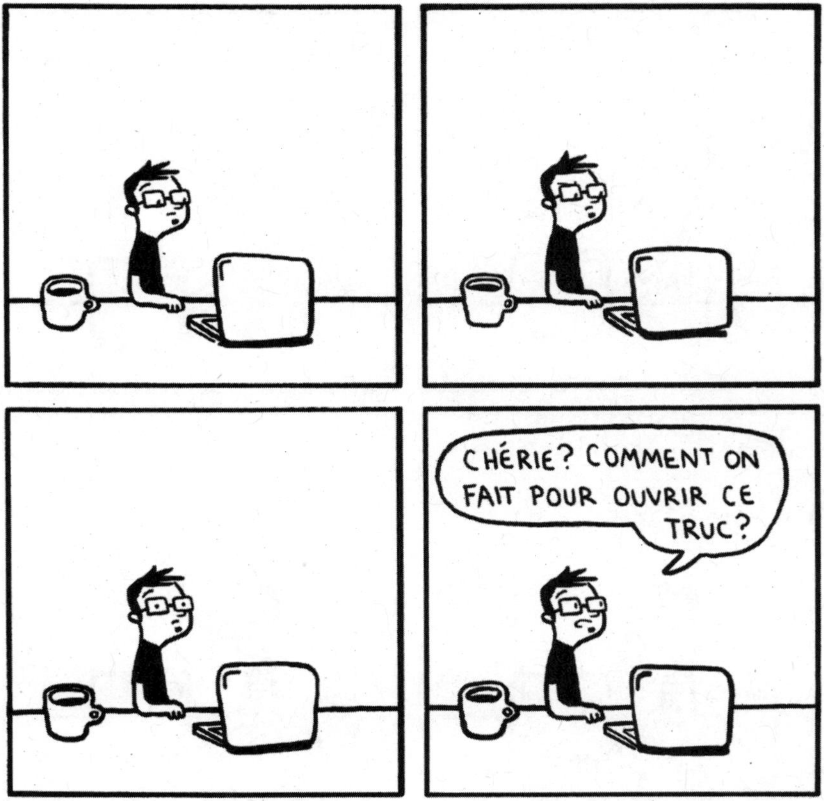
CHÉRIE? COMMENT ON FAIT POUR OUVRIR CE TRUC?

LE PREMIER MOT

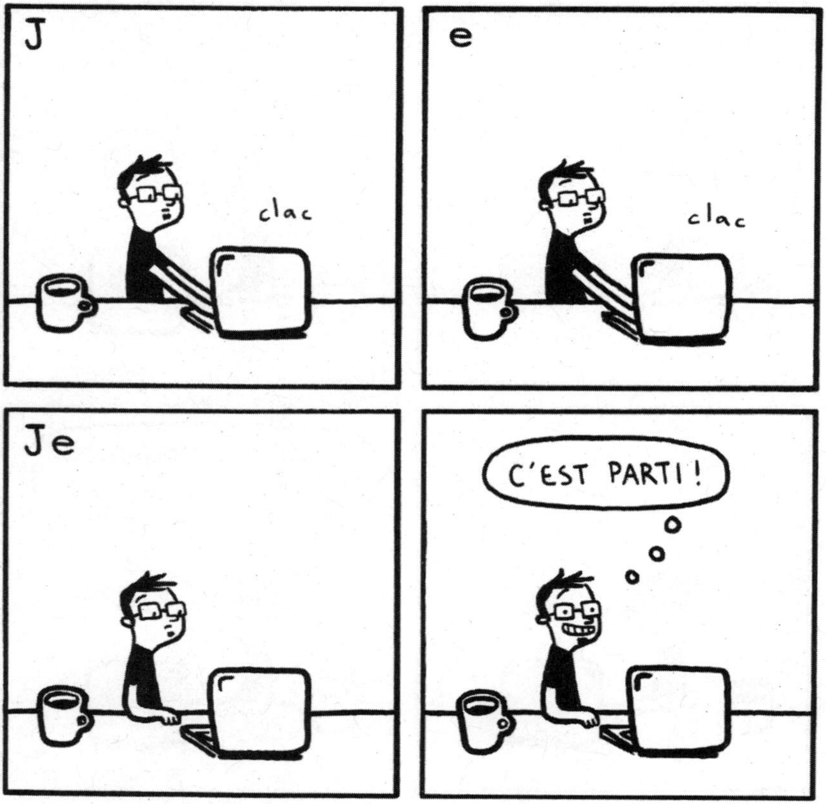
J
clac
e
clac
Je
C'EST PARTI !

LE STYLE

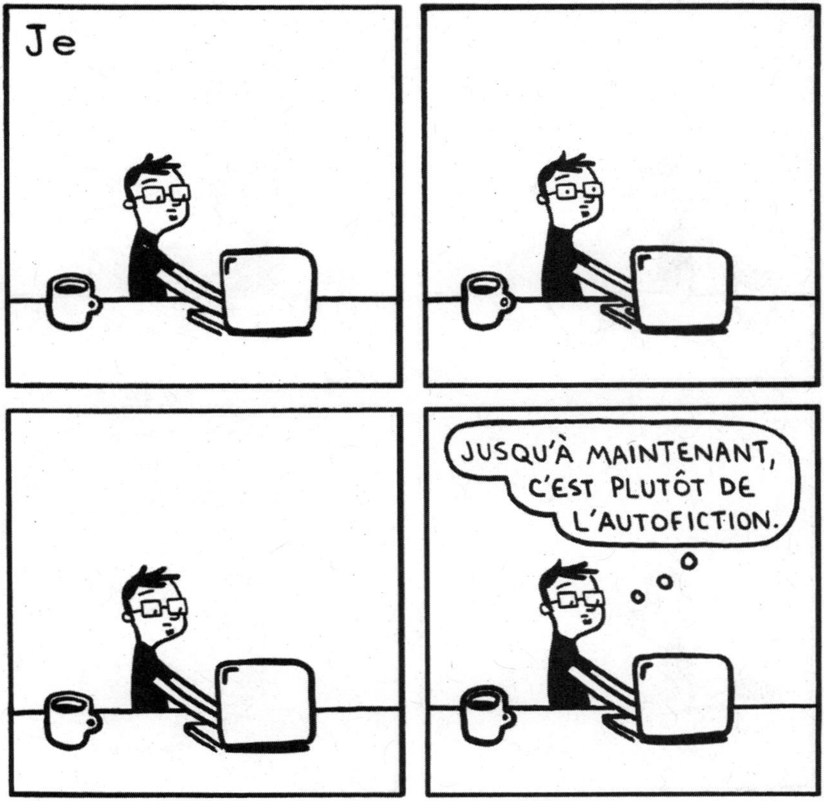
Je
JUSQU'À MAINTENANT, C'EST PLUTÔT DE L'AUTOFICTION.

LE DÉBIT

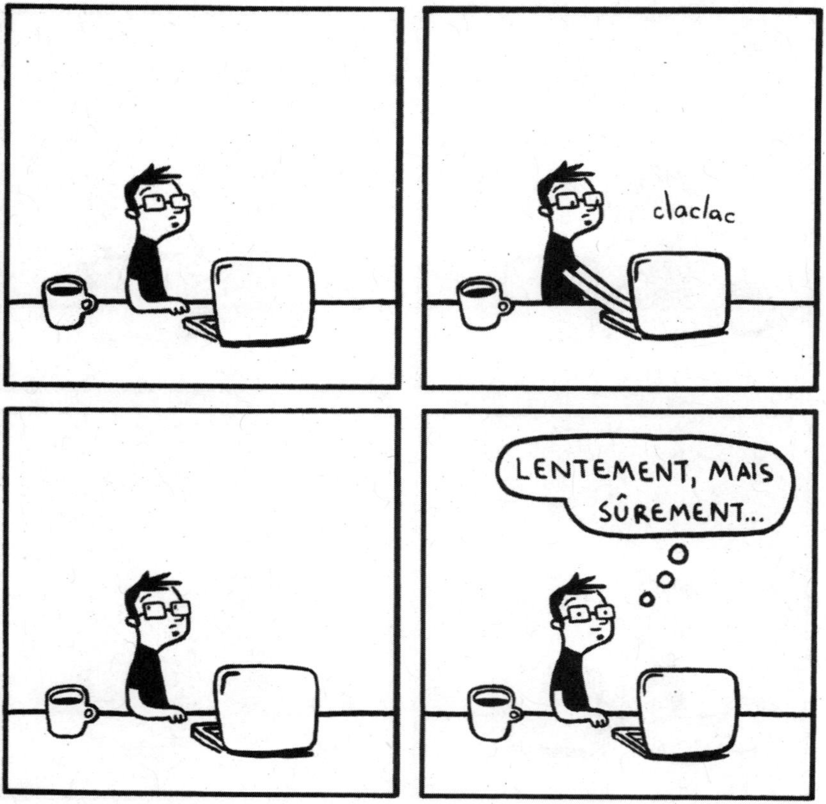
claclac
LENTEMENT, MAIS SÛREMENT...

LE SCOOP

QU'EST-CE QUE TU FAIS, MON CHÉRI?
claclac
J'ÉCRIS UN ROMAN!
AHAHAHAHAH! SANS BLAGUE, QU'EST-CE QUE TU FAIS?
J'ÉCRIS UN ROMAN!

L'ACCUEIL

AHAHAHAHAHAHAHAHA HAHAHAHAHAHAHAHA HAHAHAHAHAHAHAHA!
DIS-LE ENCORE!
J'ÉCRIS UN ROMAN!
AHAHAHAHAHAHAHAHA HAHAHAHAHAHAHAHAHA HAHAHAHAHAHAHAHAHA!

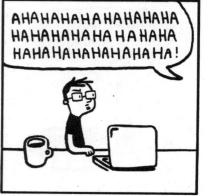

LA RÉFLEXION

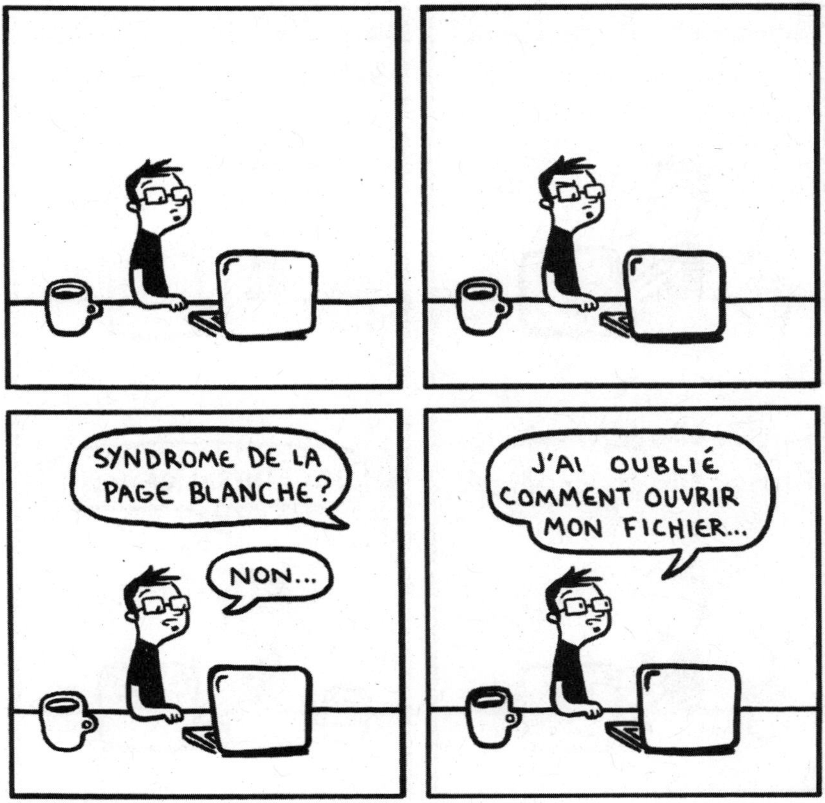
SYNDROME DE LA PAGE BLANCHE?
NON...
J'AI OUBLIÉ COMMENT OUVRIR MON FICHIER...

LA PETITE CORRECTION

J'arrive; elle décide alors de...
~~J'arrive; elle décide alors de...~~
J'arrive, elle décide alors de...
~~J'arrive, elle décide alors de...~~
J'arrive. Elle décide alors de...
JE FINIRAI JAMAIS!

LA DIFFÉRENCE

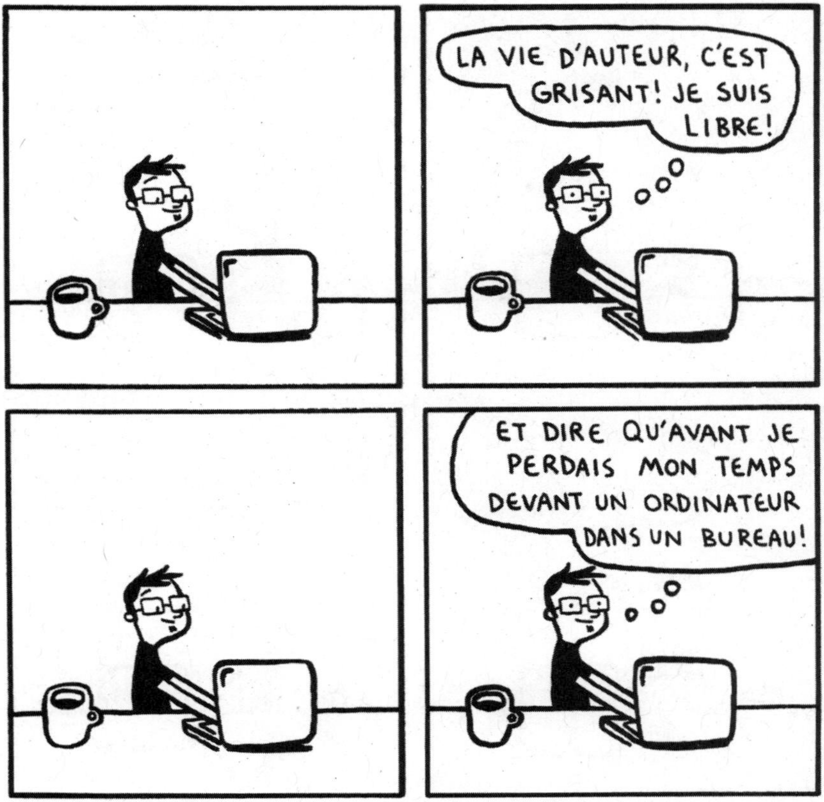

LA VIE D'AUTEUR, C'EST GRISANT! JE SUIS LIBRE!
ET DIRE QU'AVANT JE PERDAIS MON TEMPS DEVANT UN ORDINATEUR DANS UN BUREAU!

LA RECHERCHE

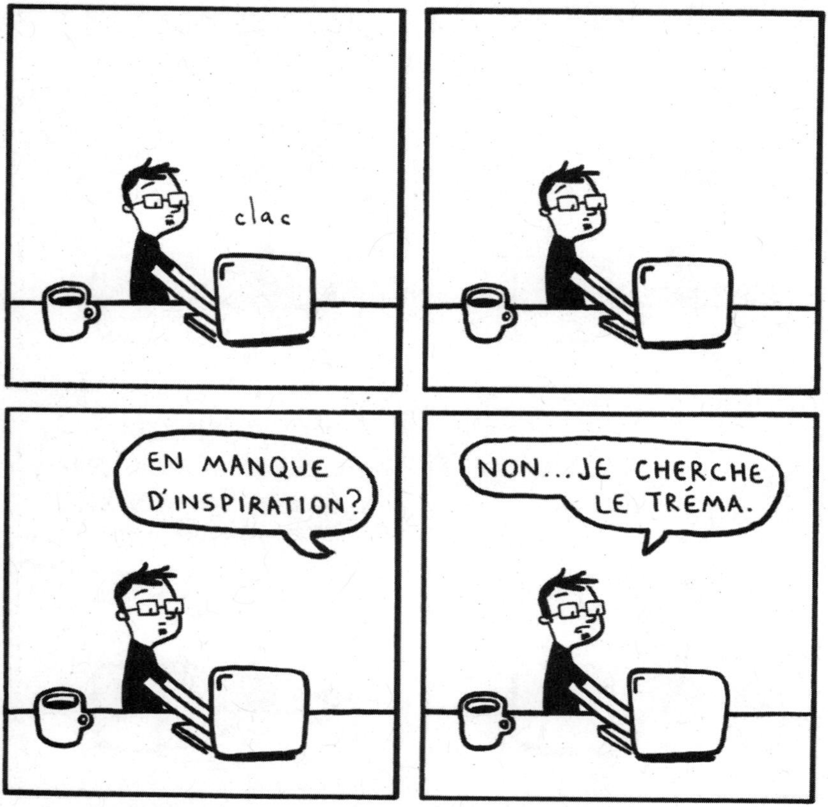

clac
EN MANQUE D'INSPIRATION?
NON... JE CHERCHE LE TRÉMA.

LA BONNE IDÉE

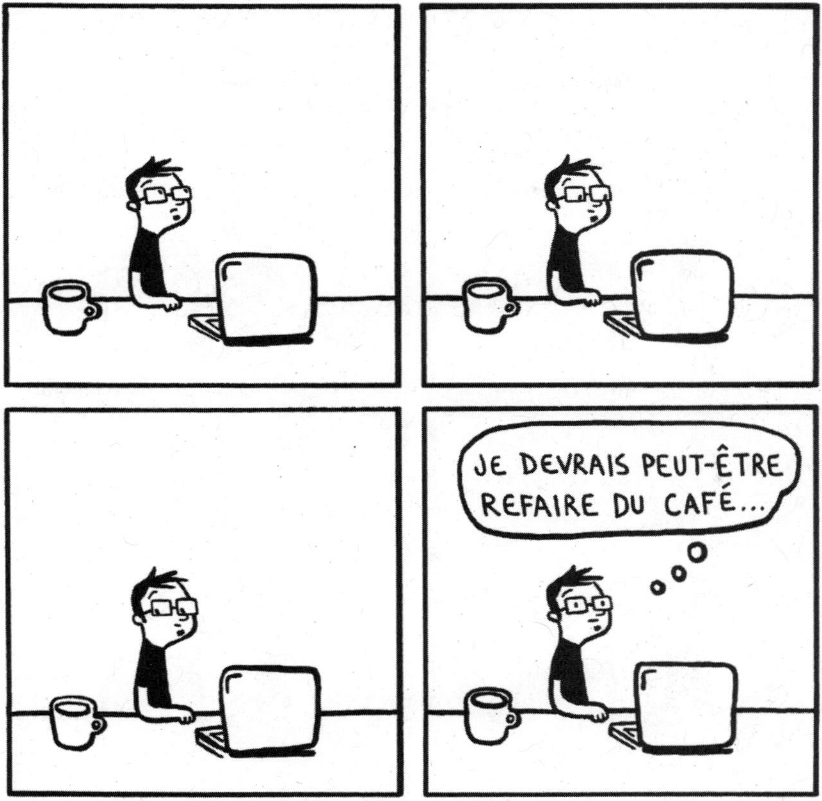
JE DEVRAIS PEUT-ÊTRE REFAIRE DU CAFÉ...

LE POURCENTAGE

ÉCRIRE : 10% D'INSPIRATION, 90% DE TRAVAIL ACHARNÉ...
ÉCRIRE : 10% D'INSPIRATION, 10% DE TRAVAIL ACHARNÉ ET 80% DE REGARDS DANS LE VIDE.

LE DRÔLE DE BRUIT

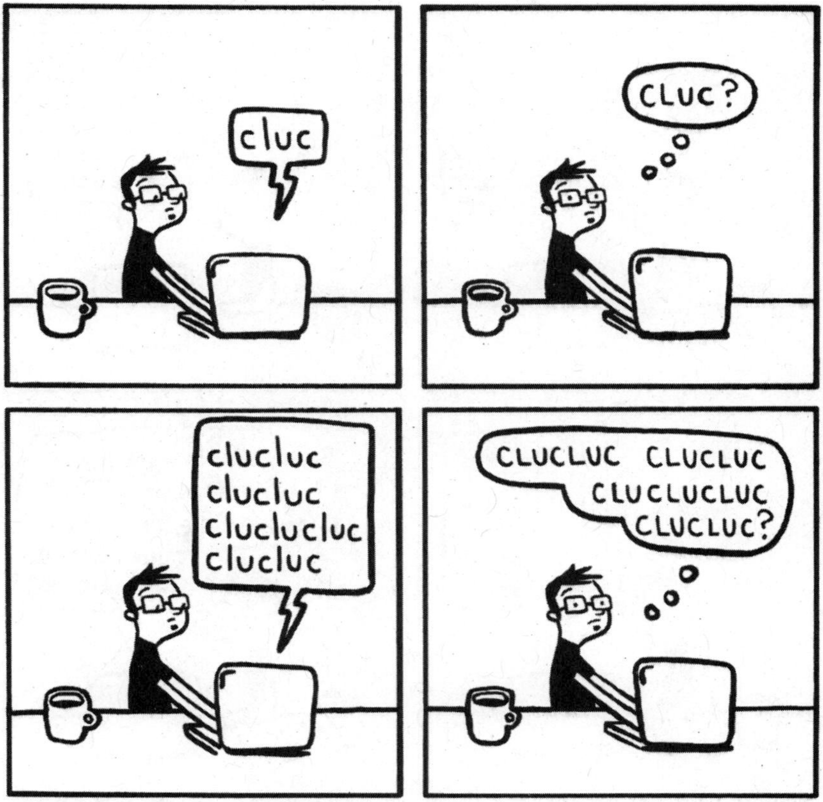
cluc
CLUC?
clucluc
clucluc
cluclucluc
clucluc
CLUCLUC CLUCLUC
CLUCLUCLUC
CLUCLUC?

LA VIE MODERNE

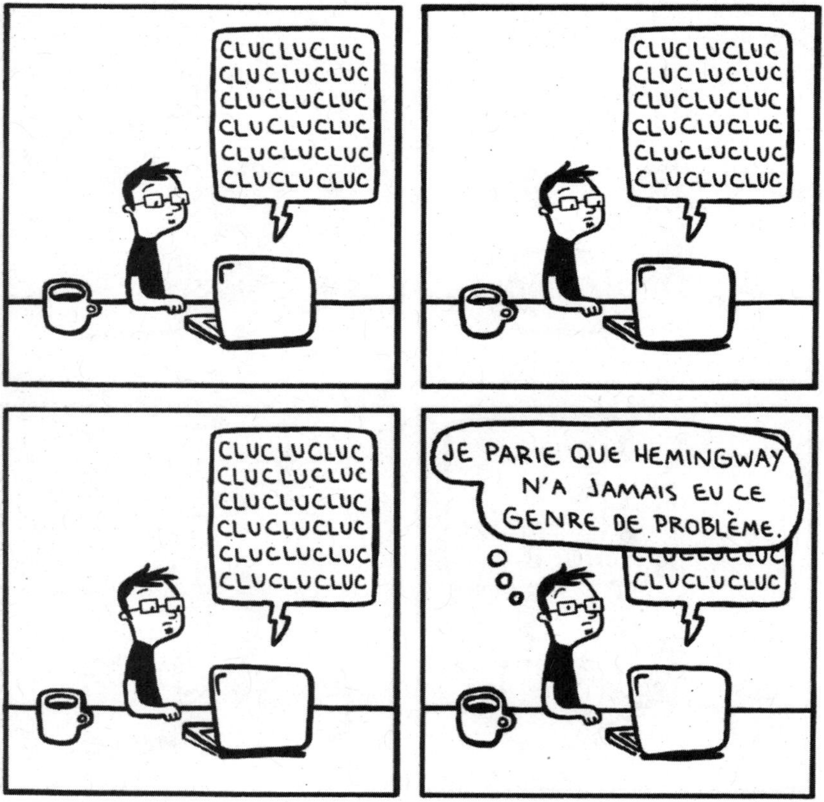
CLUCLUCLUC CLUCLUCLUC CLUCLUCLUC CLUCLUCLUC CLUCLUCLUC CLUCLUCLUC
CLUCLUCLUC CLUCLUCLUC CLUCLUCLUC CLUCLUCLUC CLUCLUCLUC CLUCLUCLUC
CLUCLUCLUC CLUCLUCLUC CLUCLUCLUC CLUCLUCLUC CLUCLUCLUC CLUCLUCLUC
JE PARIE QUE HEMINGWAY N'A JAMAIS EU CE GENRE DE PROBLÈME.
CLUCLUCLUC

LE DIAGNOSTIC

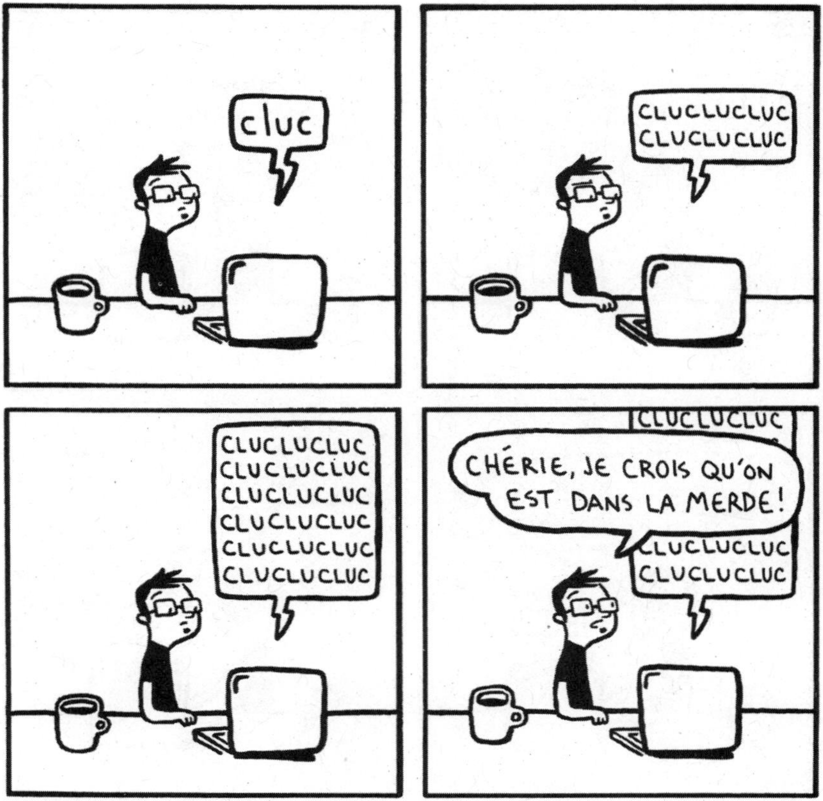
cluc
CLUCLUCLUC CLUCLUCLUC
CLUCLUCLUC CLUCLUCLUC CLUCLUCLUC CLUCLUCLUC CLUCLUCLUC CLUCLUCLUC
CLUCLUCLUC
CHÉRIE, JE CROIS QU'ON EST DANS LA MERDE!
CLUCLUCLUC CLUCLUCLUC

LE PETIT PROBLÈME

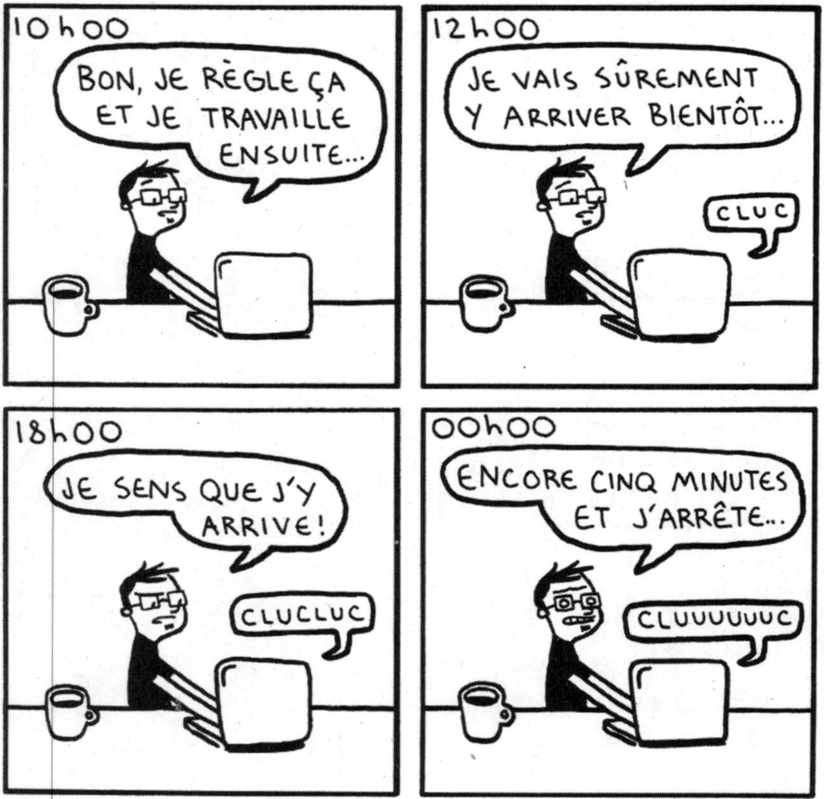
10h00
BON, JE RÈGLE ÇA ET JE TRAVAILLE ENSUITE...
12h00
JE VAIS SÛREMENT Y ARRIVER BIENTÔT...
CLUC
18h00
JE SENS QUE J'Y ARRIVE!
CLUCLUC
00h00
ENCORE CINQ MINUTES ET J'ARRÊTE...
CLUUUUUUC

LA RÉPARATION

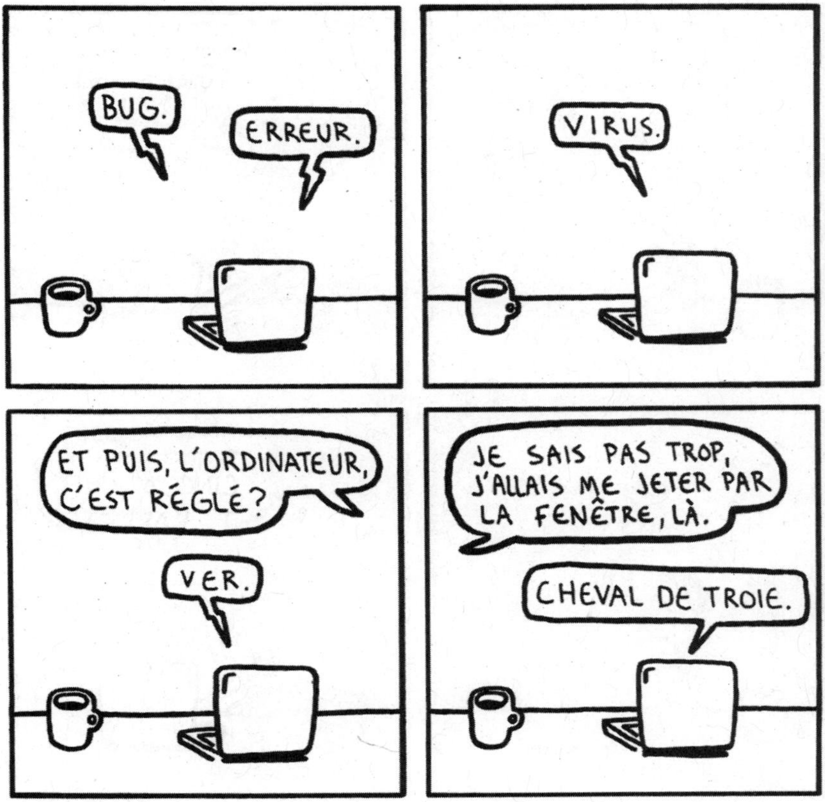

BUG.
ERREUR.
VIRUS.
ET PUIS, L'ORDINATEUR, C'EST RÉGLÉ?
VER.
JE SAIS PAS TROP, J'ALLAIS ME JETER PAR LA FENÊTRE, LÀ.
CHEVAL DE TROIE.

LE CENTRE D'APPELS

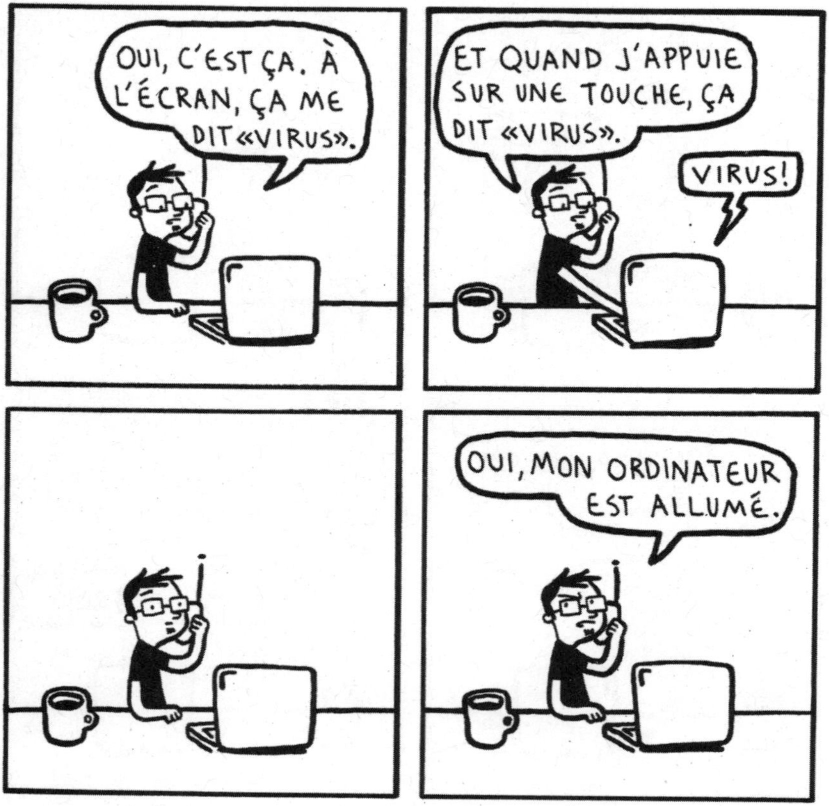
OUI, C'EST ÇA. À L'ÉCRAN, ÇA ME DIT «VIRUS».
ET QUAND J'APPUIE SUR UNE TOUCHE, ÇA DIT «VIRUS».
VIRUS!
OUI, MON ORDINATEUR EST ALLUMÉ.

LE PETIT NOUVEAU

L'HYPOTHÈSE

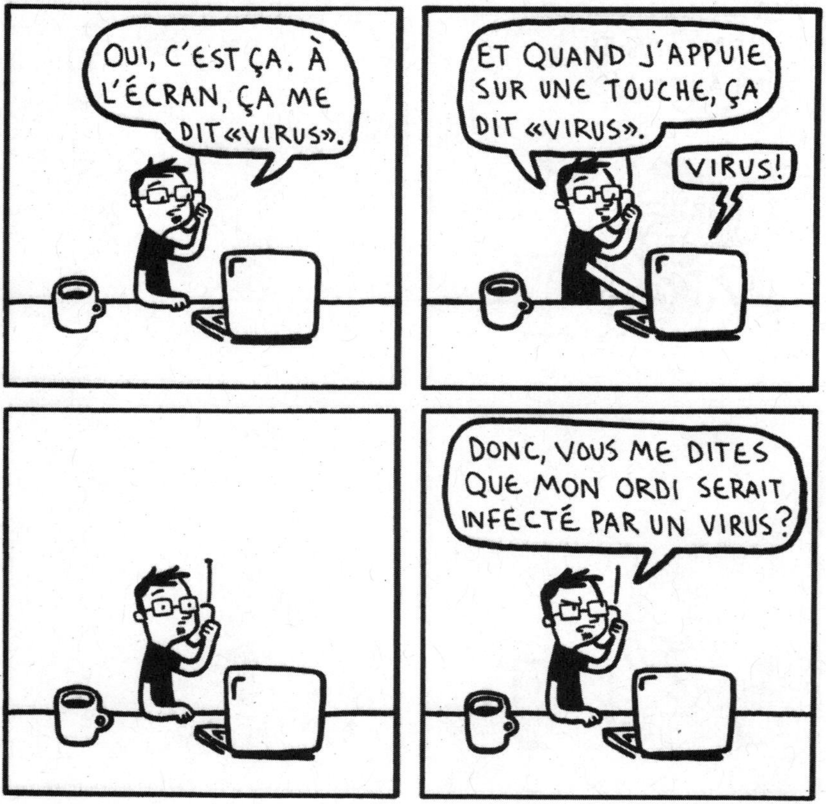
OUI, C'EST ÇA. À L'ÉCRAN, ÇA ME DIT «VIRUS».
ET QUAND J'APPUIE SUR UNE TOUCHE, ÇA DIT «VIRUS».
VIRUS!
DONC, VOUS ME DITES QUE MON ORDI SERAIT INFECTÉ PAR UN VIRUS?

LE DÉVOUEMENT

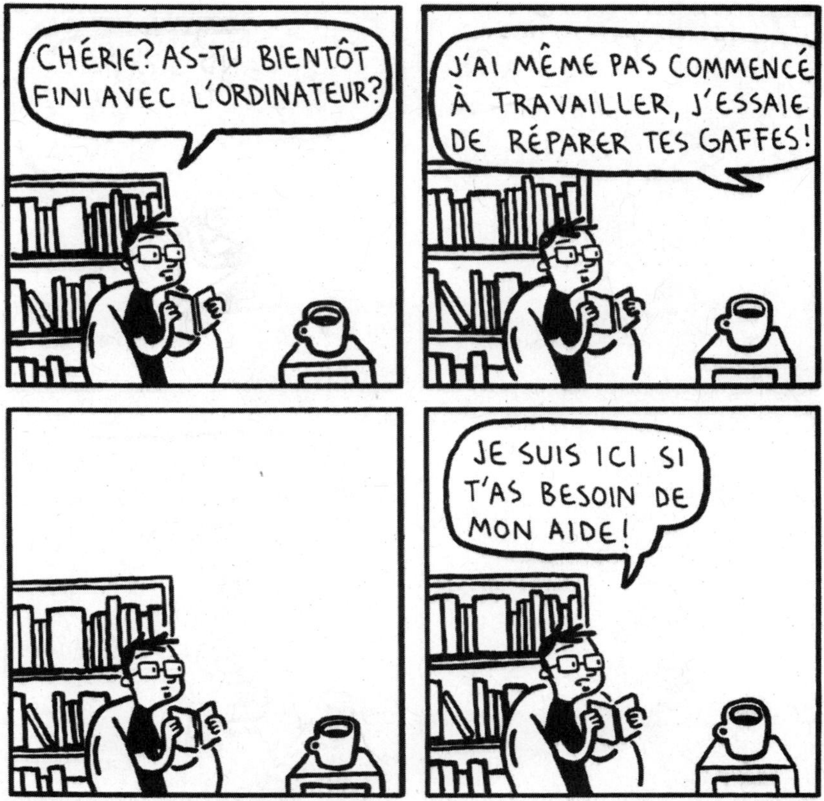

CHÉRIE? AS-TU BIENTÔT FINI AVEC L'ORDINATEUR?
J'AI MÊME PAS COMMENCÉ À TRAVAILLER, J'ESSAIE DE RÉPARER TES GAFFES!
JE SUIS ICI SI T'AS BESOIN DE MON AIDE!

LE SPÉCIALISTE CONTRARIÉ

L'OBLIGATION

IL FAIT BEAU.
JE VAIS PRENDRE MON APRÈS-MIDI DE CONGÉ, TIENS! DEHORS, L'AUTEUR!
BLIP. NOUVEAU COURRIEL DE: MUSE.
ARGH.

L'INDÉCENCE

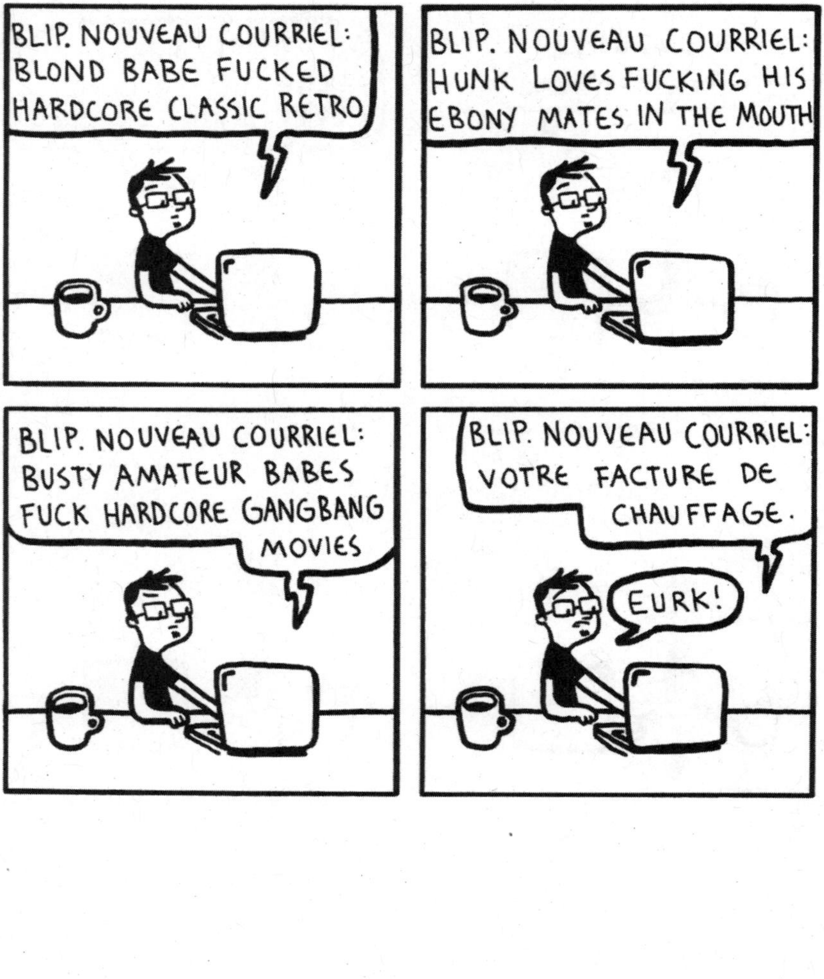
BLIP. NOUVEAU COURRIEL: BLOND BABE FUCKED HARDCORE CLASSIC RETRO
BLIP. NOUVEAU COURRIEL: HUNK LOVES FUCKING HIS EBONY MATES IN THE MOUTH
BLIP. NOUVEAU COURRIEL: BUSTY AMATEUR BABES FUCK HARDCORE GANGBANG MOVIES
BLIP. NOUVEAU COURRIEL: VOTRE FACTURE DE CHAUFFAGE.
EURK!

LA SOURCE

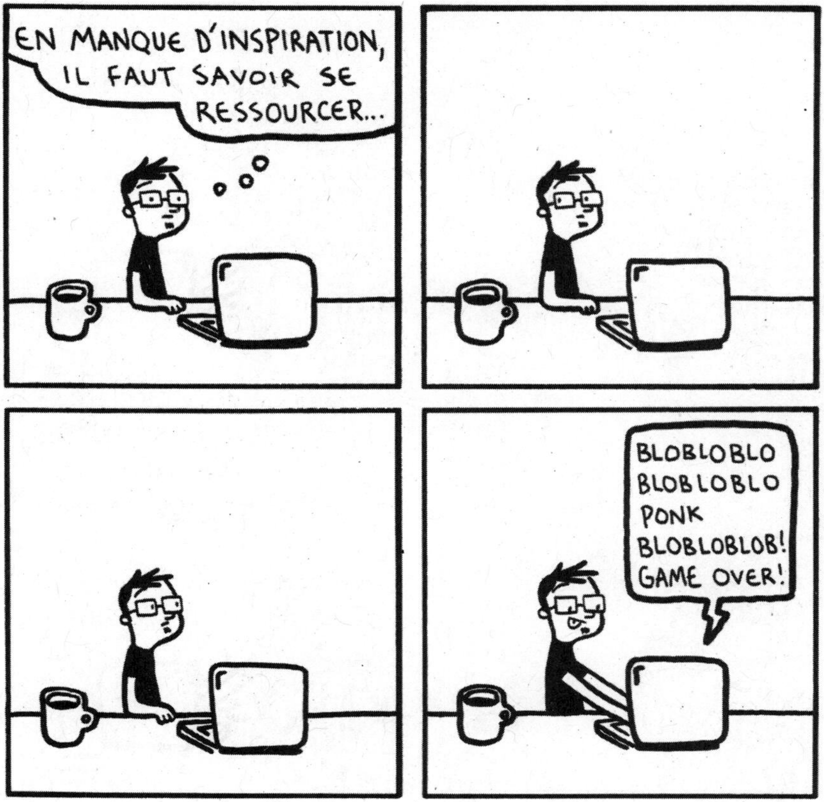
EN MANQUE D'INSPIRATION, IL FAUT SAVOIR SE RESSOURCER...
BLOBLOBLO BLOBLOBLO PONK BLOBLOBLOB! GAME OVER!

L'EXIL

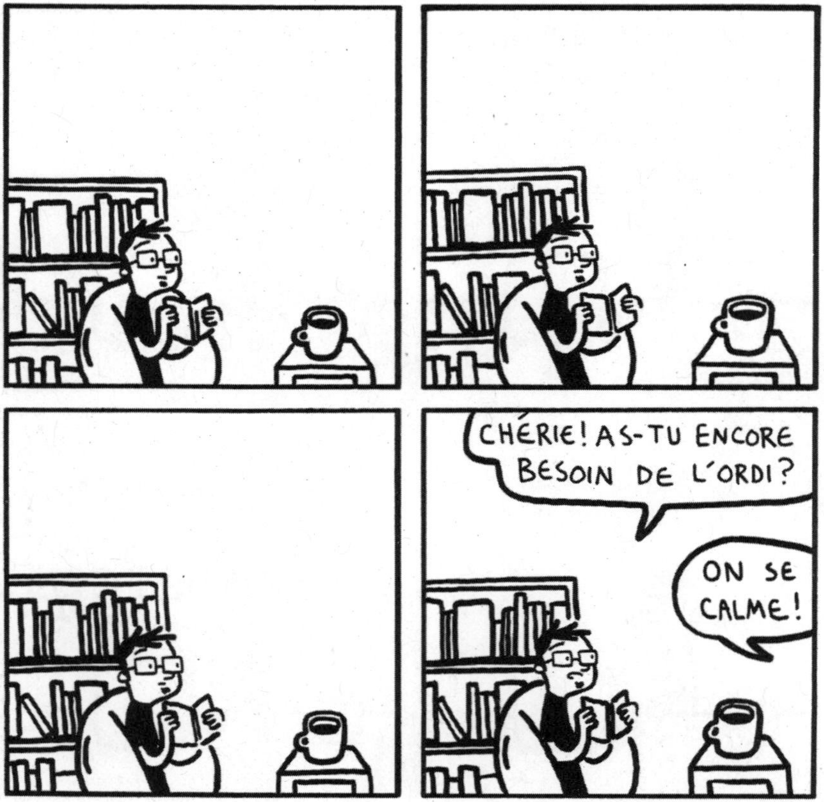

CHÉRIE! AS-TU ENCORE BESOIN DE L'ORDI?
ON SE CALME!

LA BONNE FAÇON DE MOURIR

LE CARBURANT

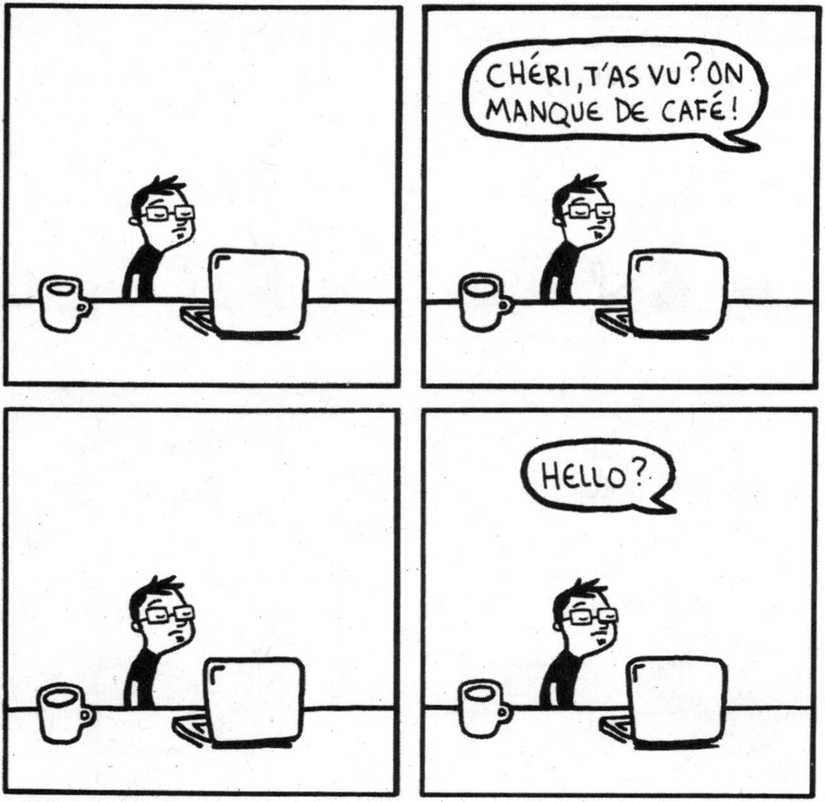
CHÉRI, T'AS VU? ON MANQUE DE CAFÉ!
HELLO?

L'AUTOFICTION

LE SOUPER EST PRÊT, TU VIENS?
MINUTE...
... et soudain, elle lui dit: «Le souper est prêt, tu viens?»
claclac claclac
GÉNIAL!

LE BRUIT

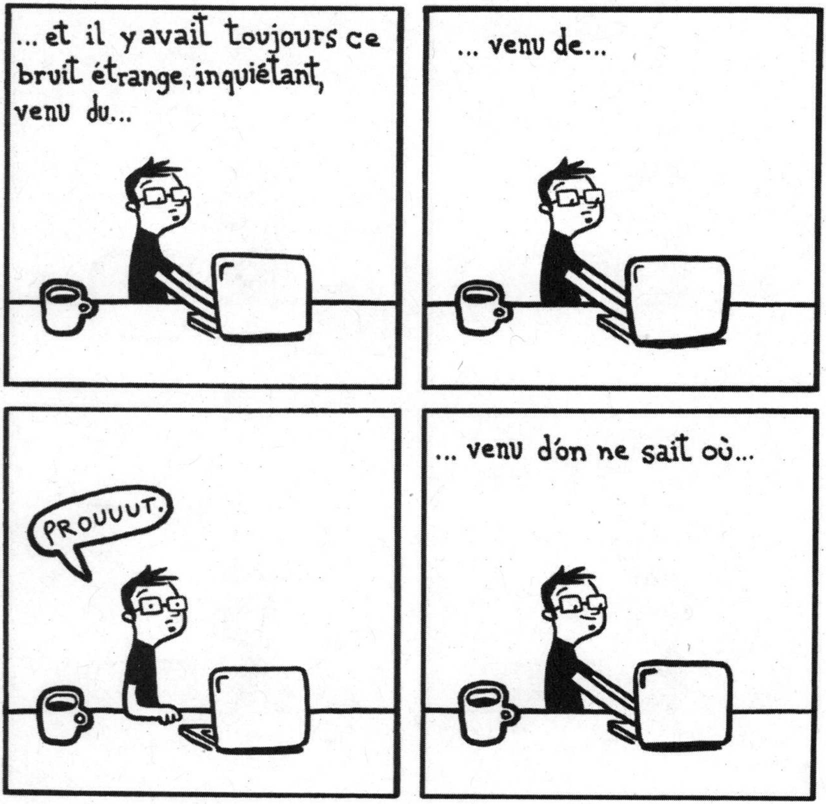

... et il y avait toujours ce bruit étrange, inquiétant, venu du...
... venu de...
PROUUUT.
... venu d'on ne sait où...

LE BRUIT 2

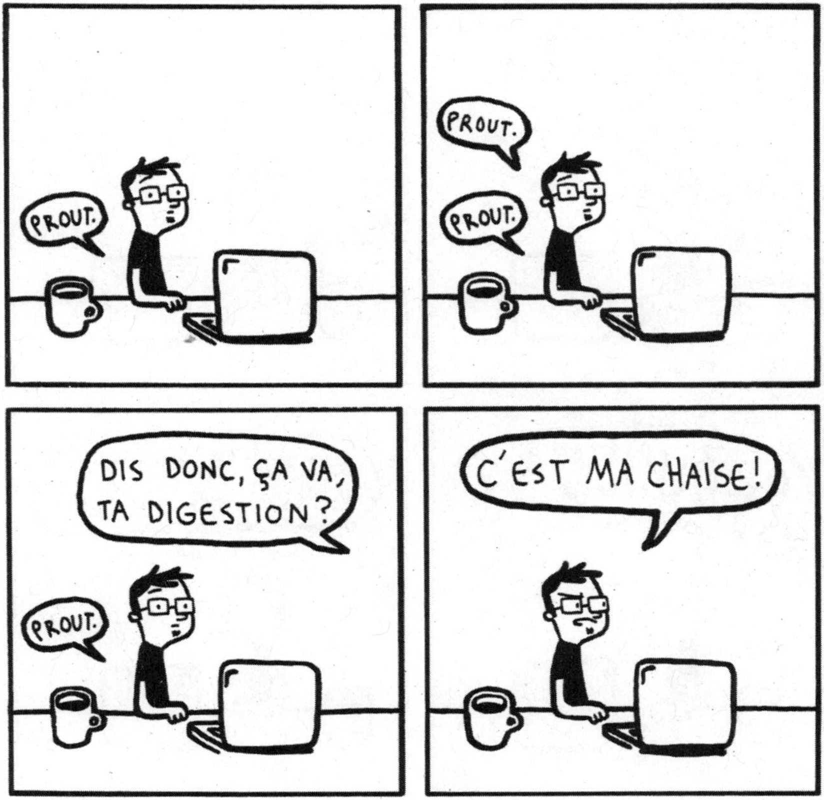
PROUT.
PROUT.
PROUT.
DIS DONC, ÇA VA, TA DIGESTION?
PROUT.
C'EST MA CHAISE!

LE CONSEIL

T'AS ESSAYÉ DE METTRE DU WD40?
PROUT.
NON...
PROUT.
PROUUUUTTT!
JE CROIS QUE JE VAIS ME LAISSER TENTER...

LE NOUVEAU PROBLÈME

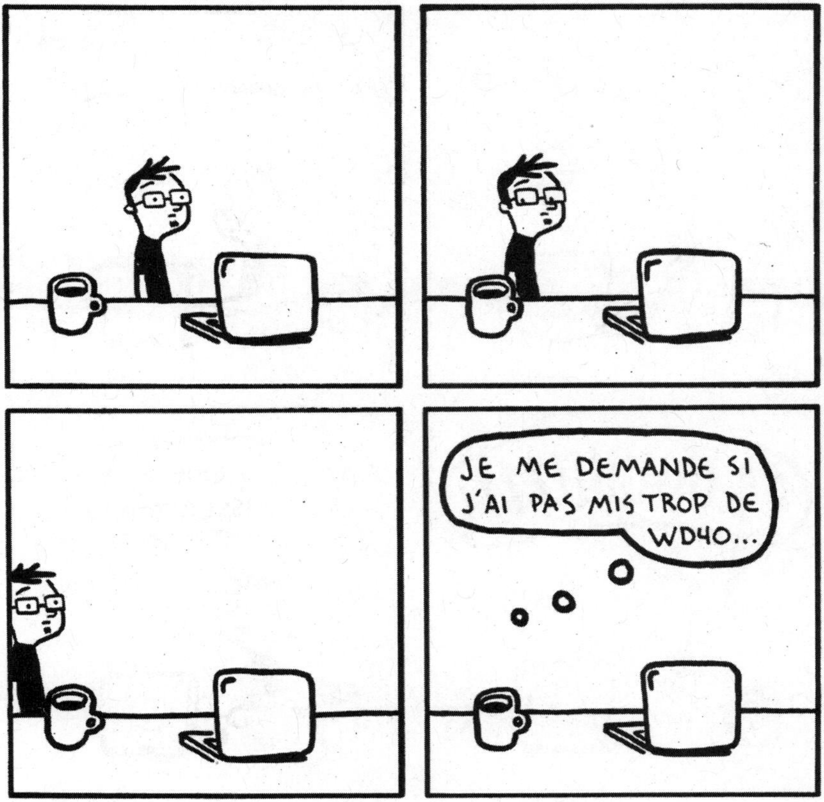
JE ME DEMANDE SI J'AI PAS MIS TROP DE WD40...

L'ARGUMENT CONVAINCANT

LA NOUVELLE CHAISE

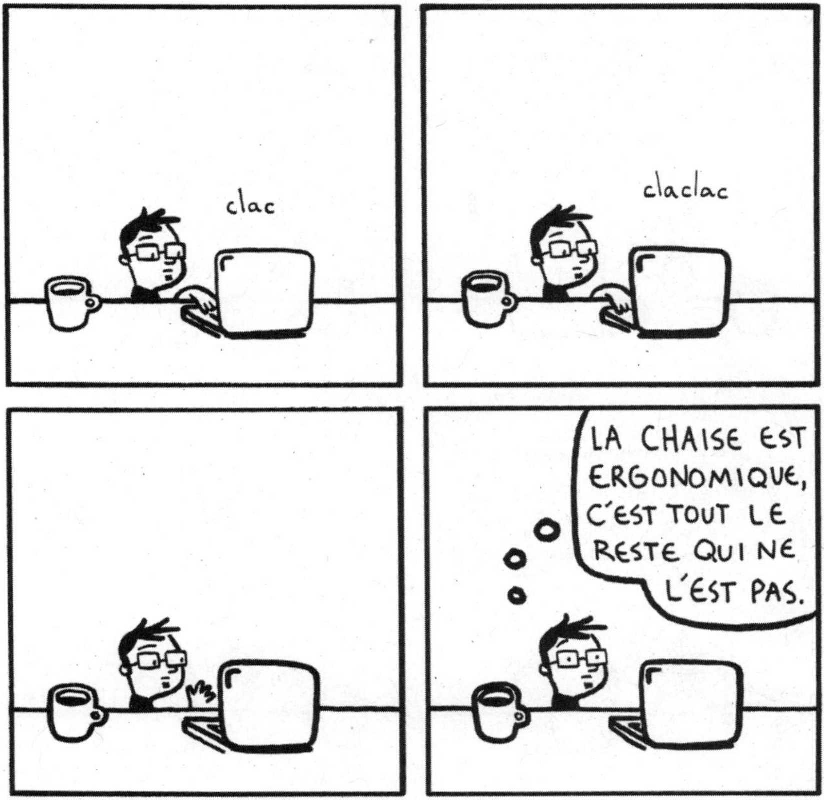
clac
claclac
LA CHAISE EST ERGONOMIQUE, C'EST TOUT LE RESTE QUI NE L'EST PAS.

LE GLISSEMENT DE TERRAIN

LE NOUVEL ANGLE

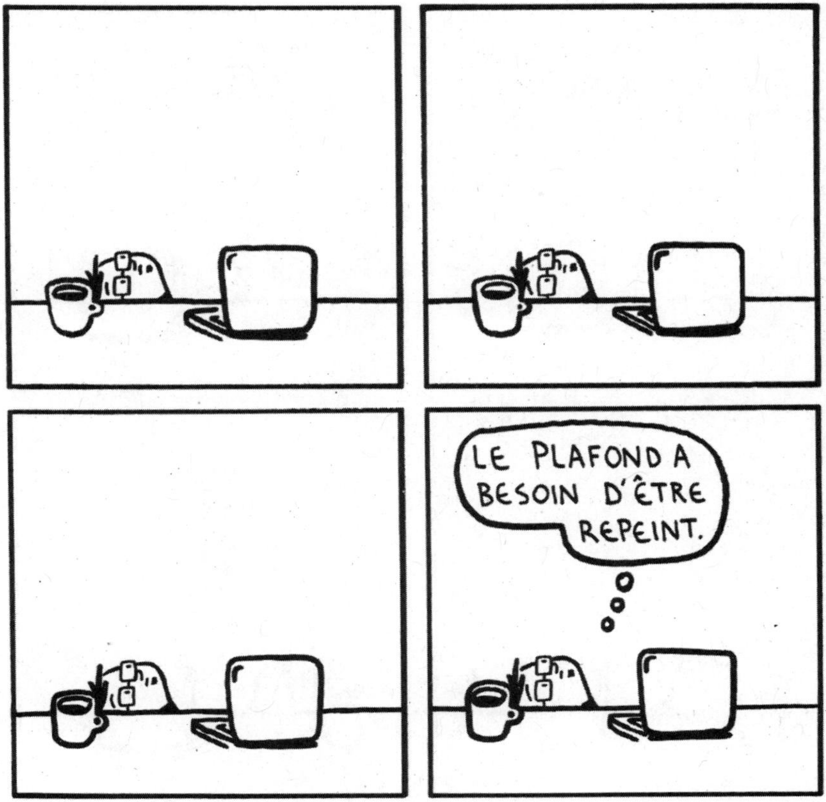
LE PLAFOND A BESOIN D'ÊTRE REPEINT.

LA BONNE ATTITUDE

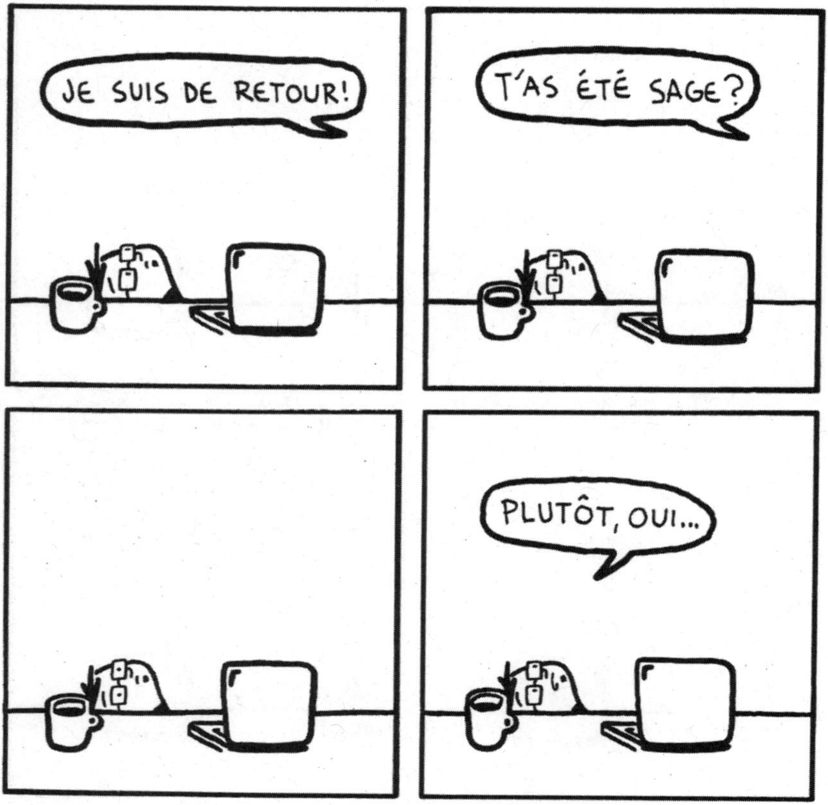
JE SUIS DE RETOUR!
T'AS ÉTÉ SAGE?
PLUTÔT, OUI...

LA NOUVELLE FAÇON

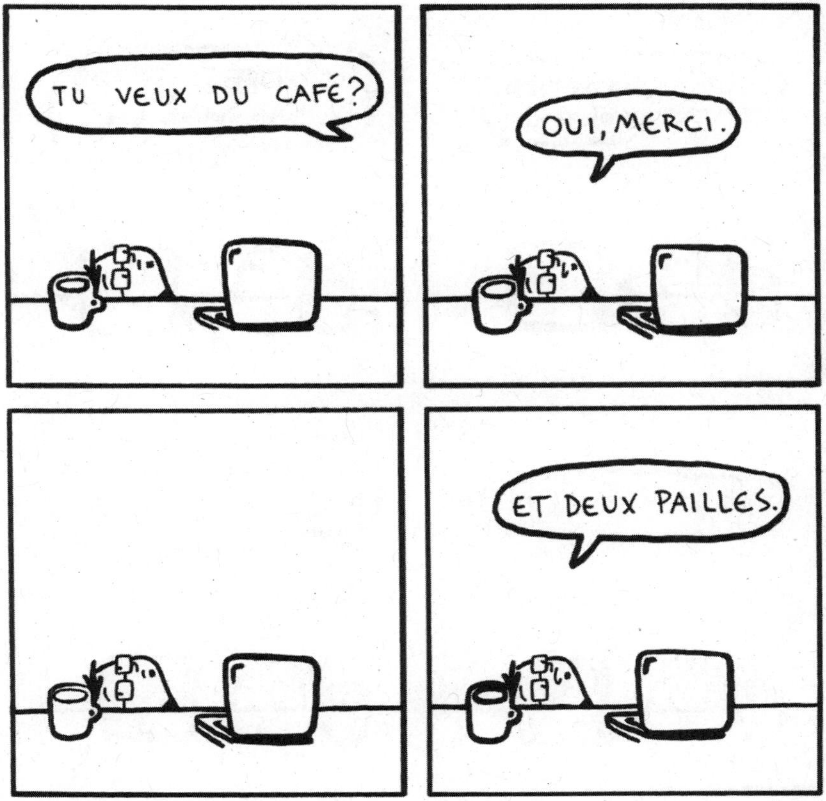
TU VEUX DU CAFÉ?
OUI, MERCI.
ET DEUX PAILLES.

LES SECOURS

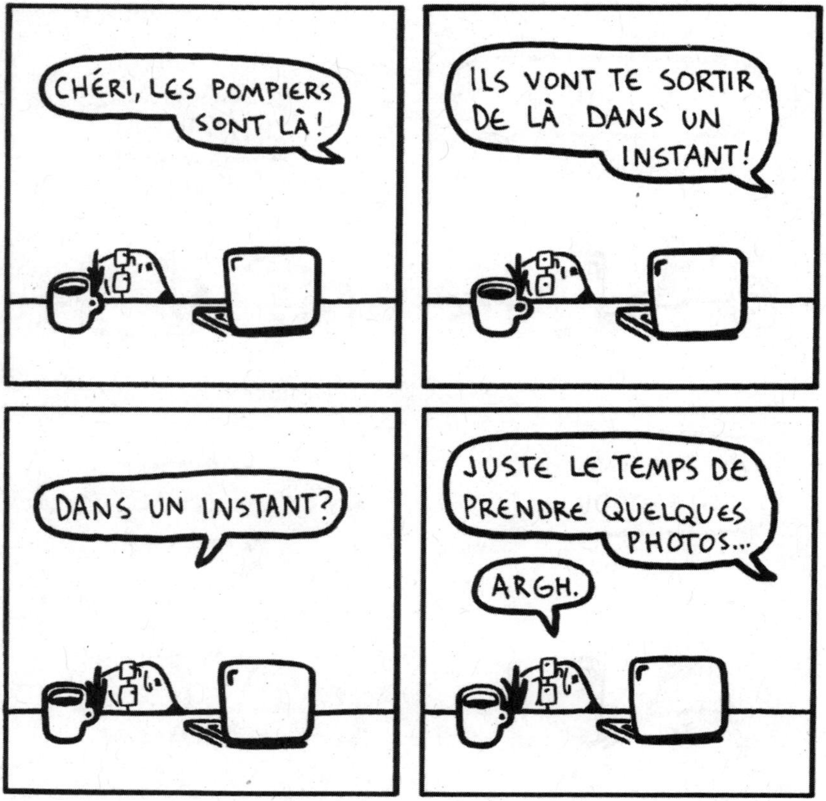
CHÉRI, LES POMPIERS SONT LÀ!
ILS VONT TE SORTIR DE LÀ DANS UN INSTANT!
DANS UN INSTANT?
JUSTE LE TEMPS DE PRENDRE QUELQUES PHOTOS...
ARGH.

LA TROISIÈME CHAISE

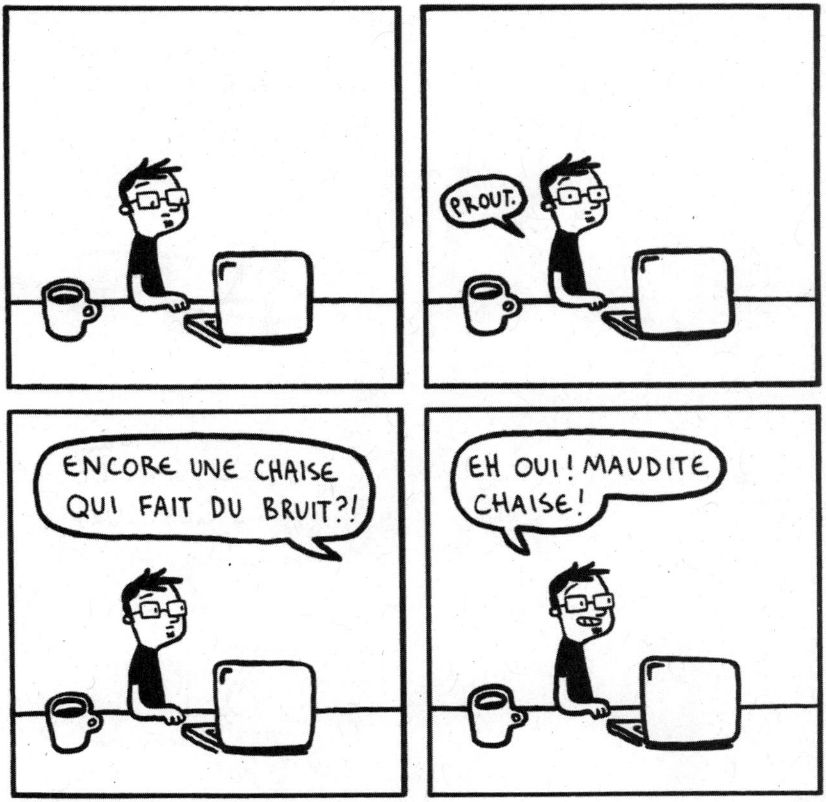
PROUT.
ENCORE UNE CHAISE QUI FAIT DU BRUIT?!
EH OUI! MAUDITE CHAISE!

L'ÉPILOGUE

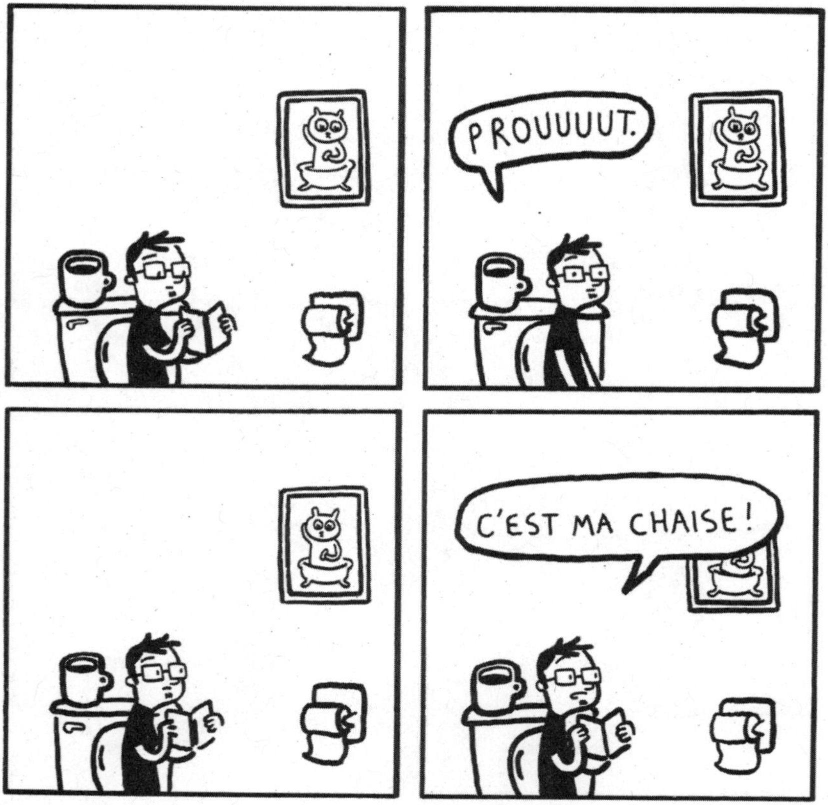
PROUUUUT.
C'EST MA CHAISE !

LA DÉTERMINATION

...impitoyable, il tira d'abord le barman, qui s'écroula net...
...vint ensuite le tour du shérif, qu'il descendit d'une seule balle...
TU VIENS? ON VA ÊTRE EN RETARD!
ENCORE TROIS MEURTRES ET J'ARRIVE!

L'INSPIRATION DES CLASSIQUES

LA PRODUCTIVITÉ

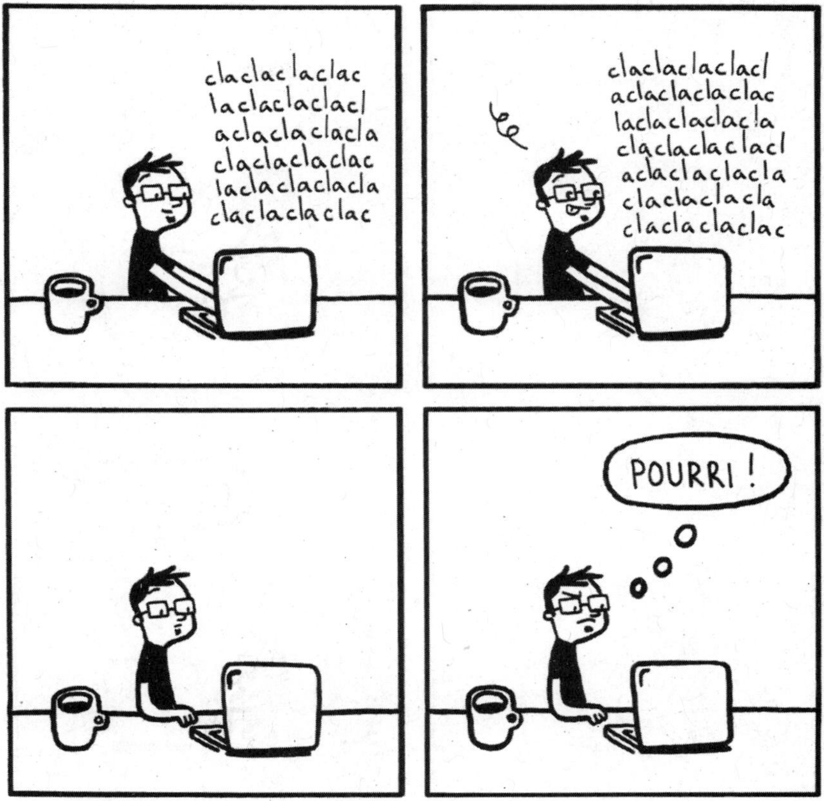
claclaclaclac
laclaclaclacl
aclaclaclacla
claclaclaclac
laclaclaclacla
claclaclaclac
claclaclaclacl
aclaclaclaclac
laclaclaclacla
claclaclaclacl
aclaclaclacla
claclaclacla
claclaclaclac
POURRI !

LES HEURES SUPPLÉMENTAIRES

LE LIEU INSPIRANT

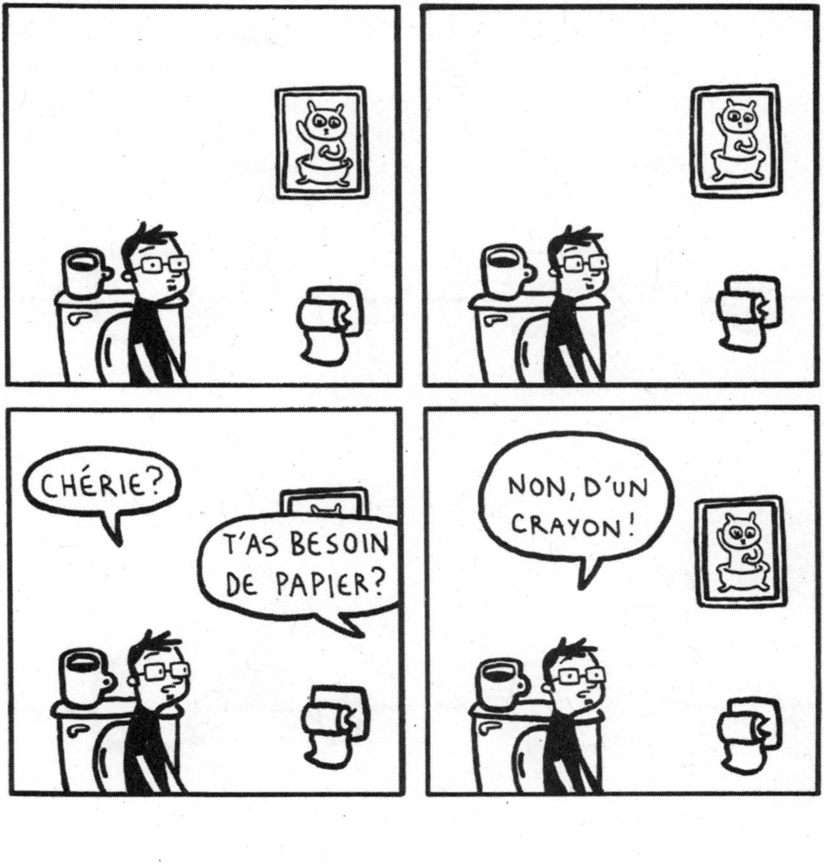
CHÉRIE?
T'AS BESOIN DE PAPIER?
NON, D'UN CRAYON!

L'ADVERBE

Elle dansait ~~lascivement~~ langoureusement

claclac

Elle dansait ~~lascivement~~ ~~langoureusement~~ candidement

claclaclac

Elle était assise.

claclac

LE POURRIEL

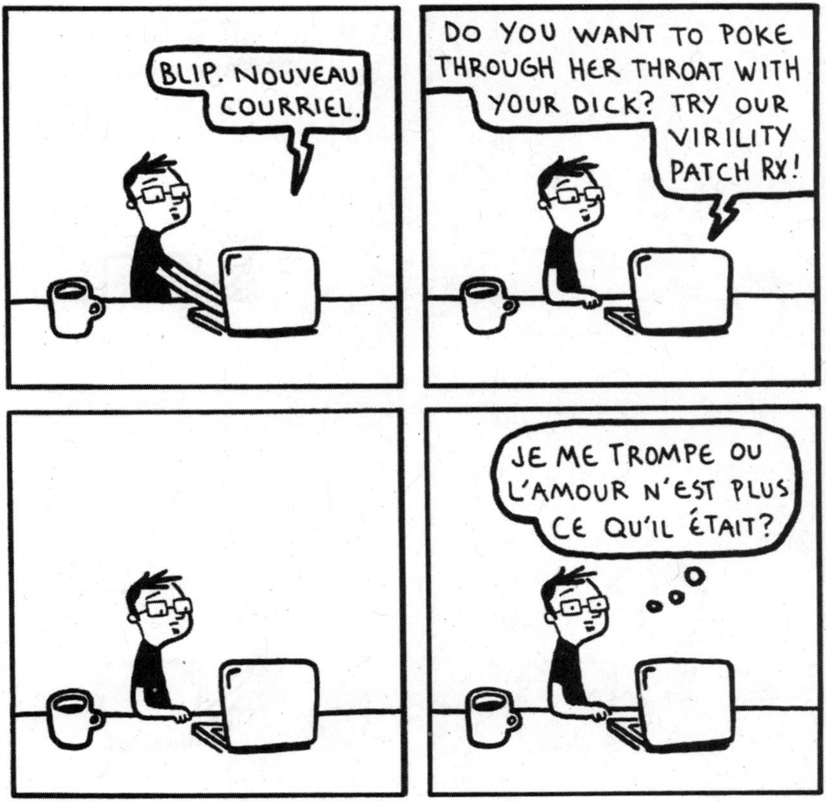
BLIP. NOUVEAU COURRIEL.
DO YOU WANT TO POKE THROUGH HER THROAT WITH YOUR DICK? TRY OUR VIRILITY PATCH RX!
JE ME TROMPE OU L'AMOUR N'EST PLUS CE QU'IL ÉTAIT?

LE PARADOXE

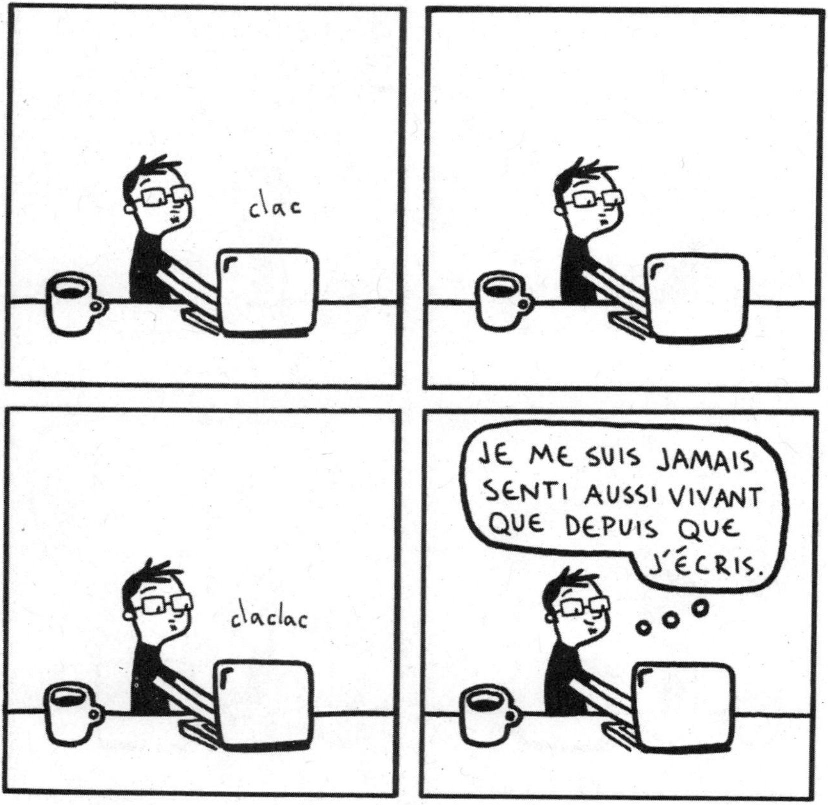
clac
claclac
JE ME SUIS JAMAIS SENTI AUSSI VIVANT QUE DEPUIS QUE J'ÉCRIS.

L'APPARENCE

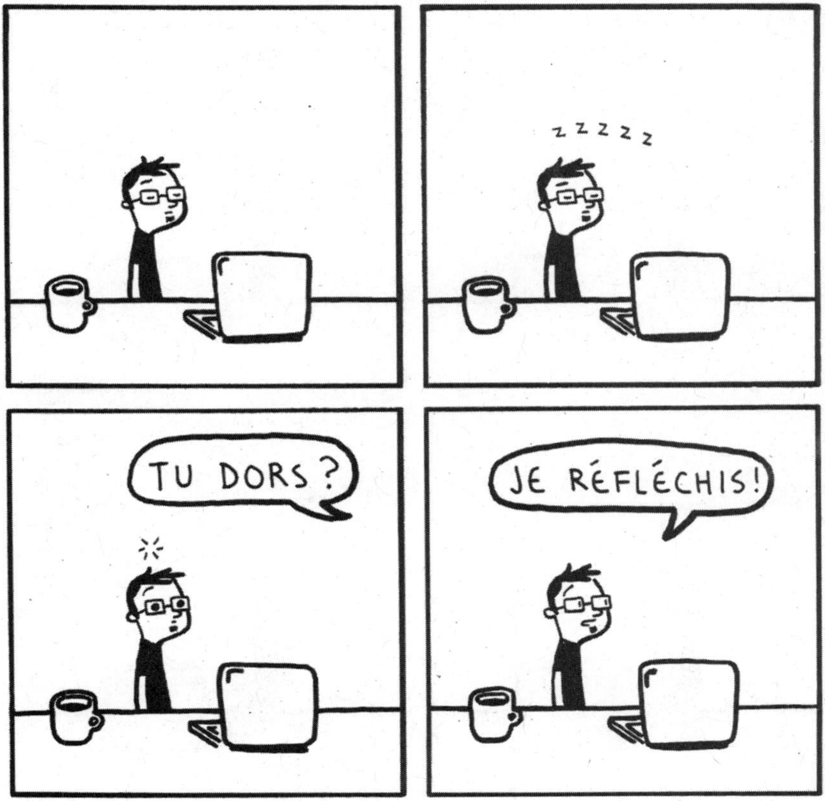
ZZZZZ
TU DORS ?
JE RÉFLÉCHIS !

LA REMISE EN QUESTION

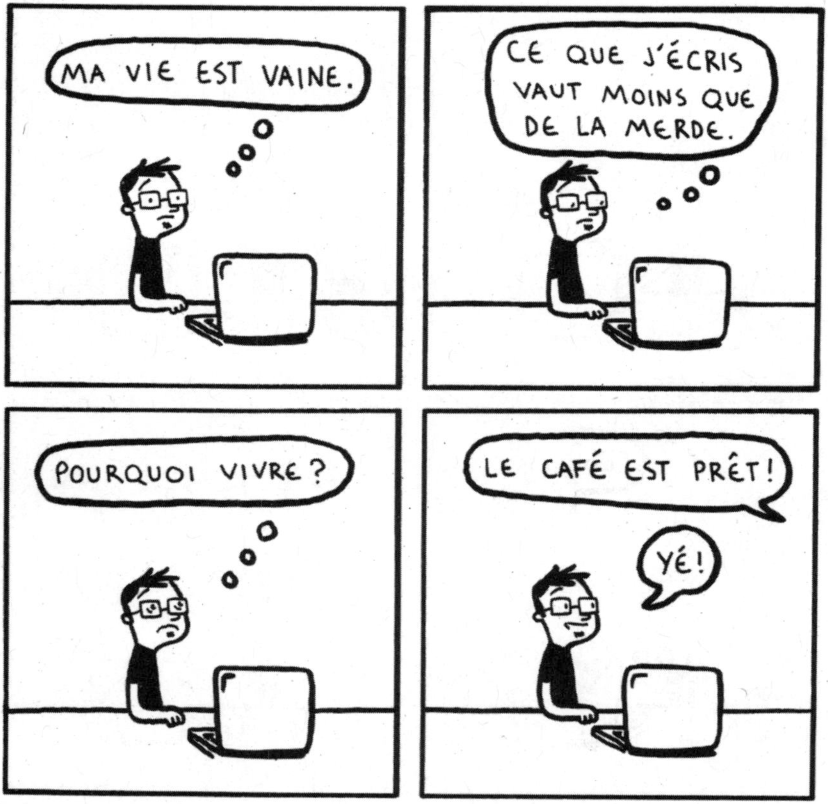
MA VIE EST VAINE.
CE QUE J'ÉCRIS VAUT MOINS QUE DE LA MERDE.
POURQUOI VIVRE?
LE CAFÉ EST PRÊT!
YÉ!

LE DÉFAUT DE FABRICATION

L'INTUITION

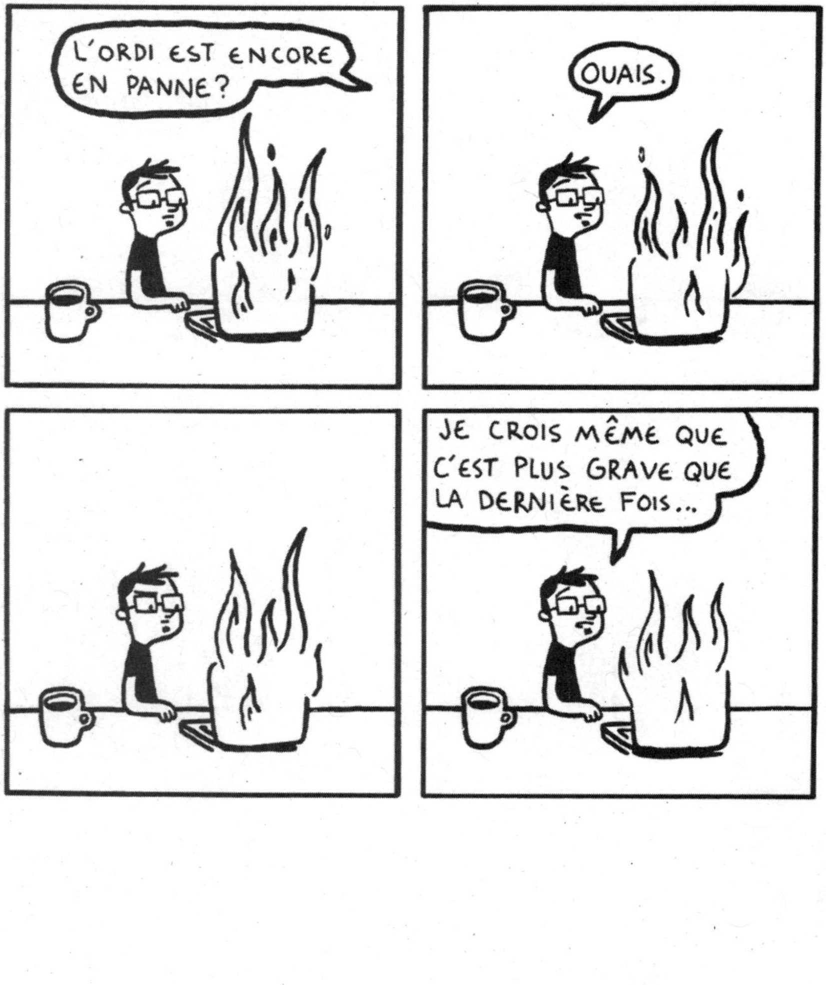
L'ORDI EST ENCORE EN PANNE?
OUAIS.
JE CROIS MÊME QUE C'EST PLUS GRAVE QUE LA DERNIÈRE FOIS...

LA RÉVÉLATION

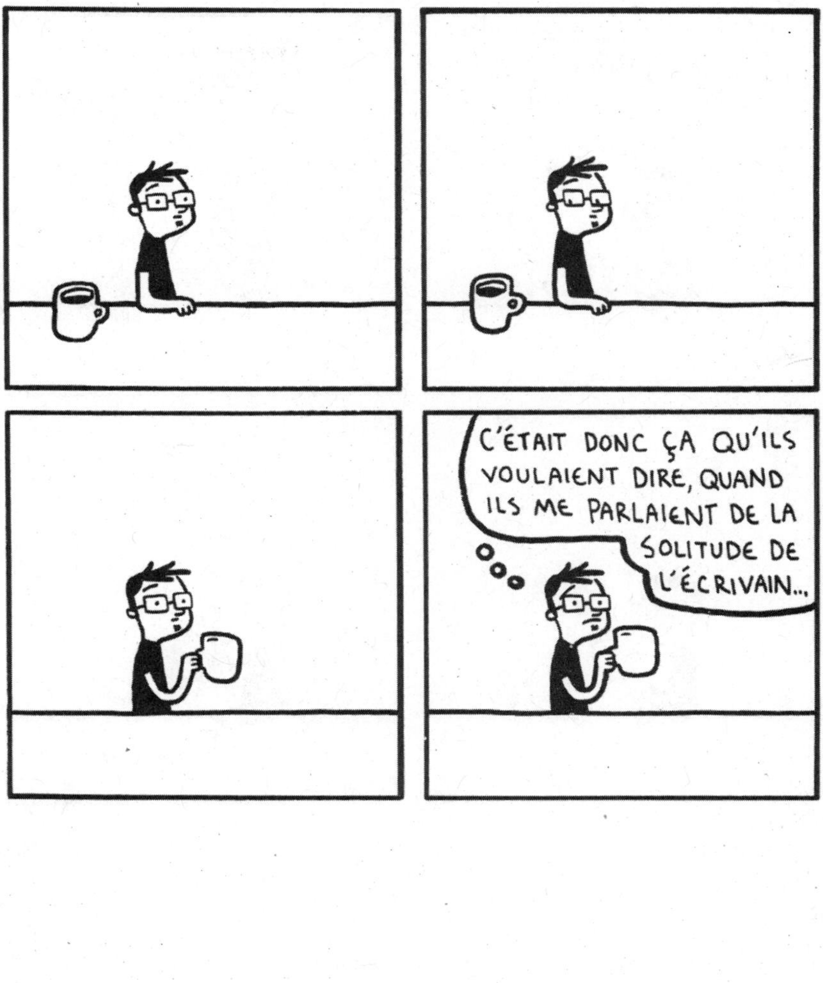
C'ÉTAIT DONC ÇA QU'ILS VOULAIENT DIRE, QUAND ILS ME PARLAIENT DE LA SOLITUDE DE L'ÉCRIVAIN...

LA NOUVELLE VIE

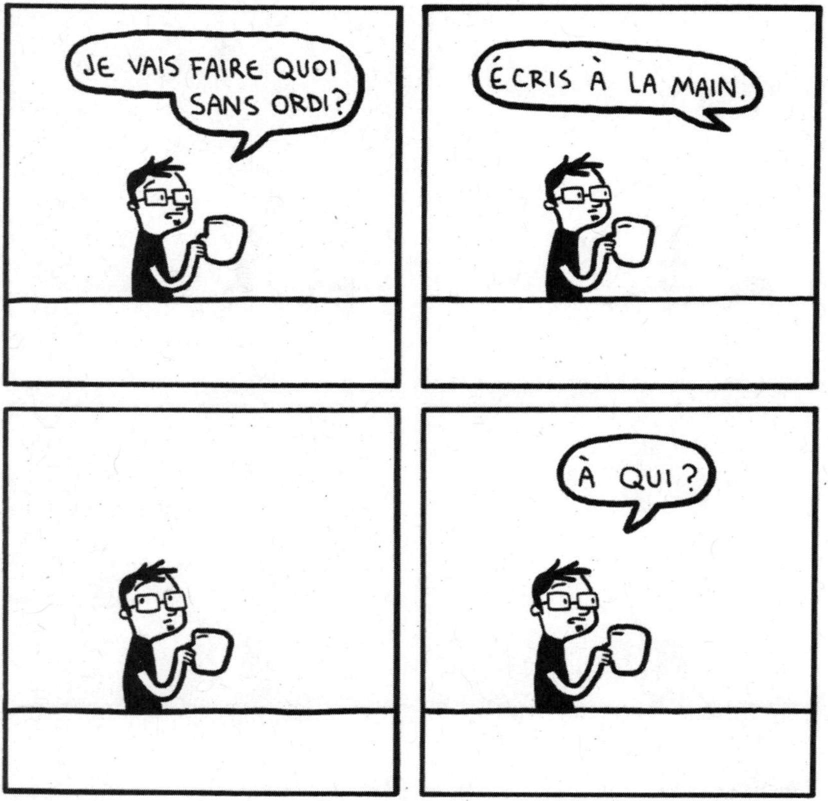
JE VAIS FAIRE QUOI SANS ORDI?
ÉCRIS À LA MAIN.
À QUI?

LE CRAYON

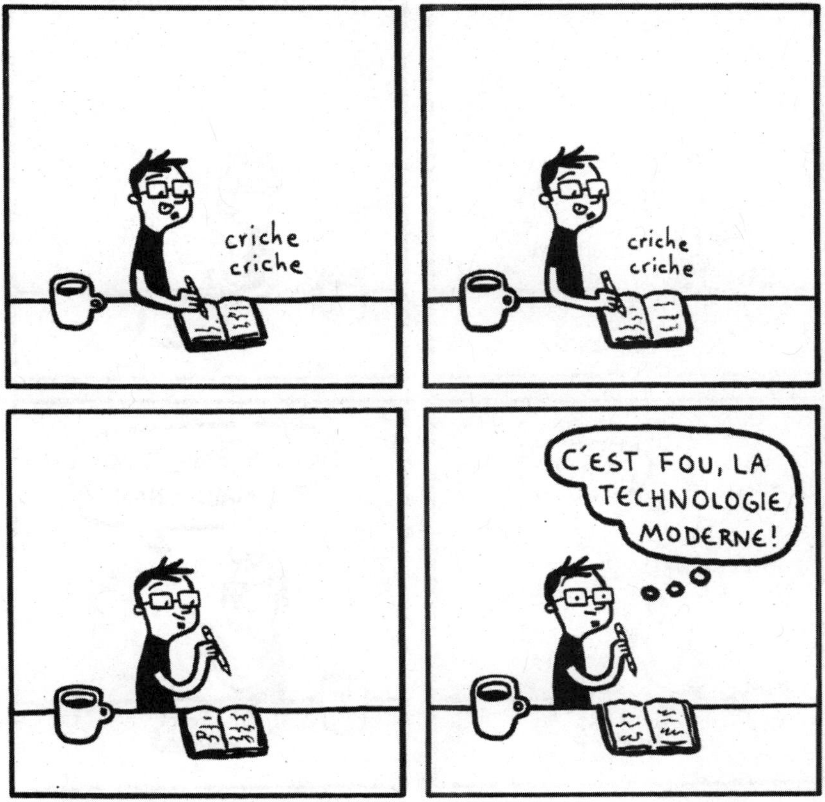
criche
criche
criche
criche
C'EST FOU, LA TECHNOLOGIE MODERNE!

LA MINE

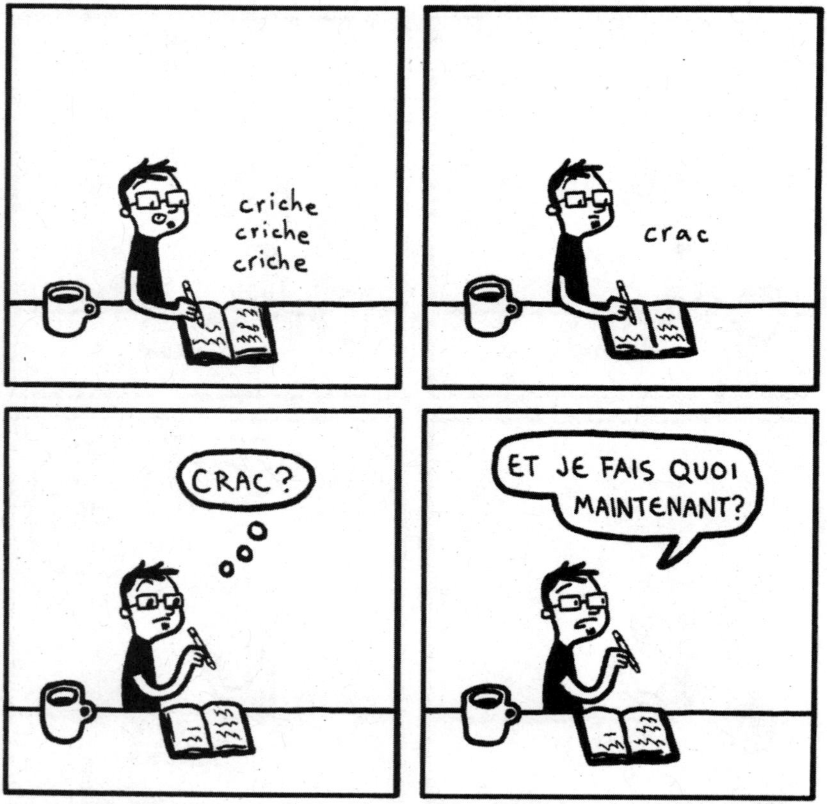
criche
criche
criche
crac
CRAC?
ET JE FAIS QUOI MAINTENANT?

LE TAILLE-CRAYON

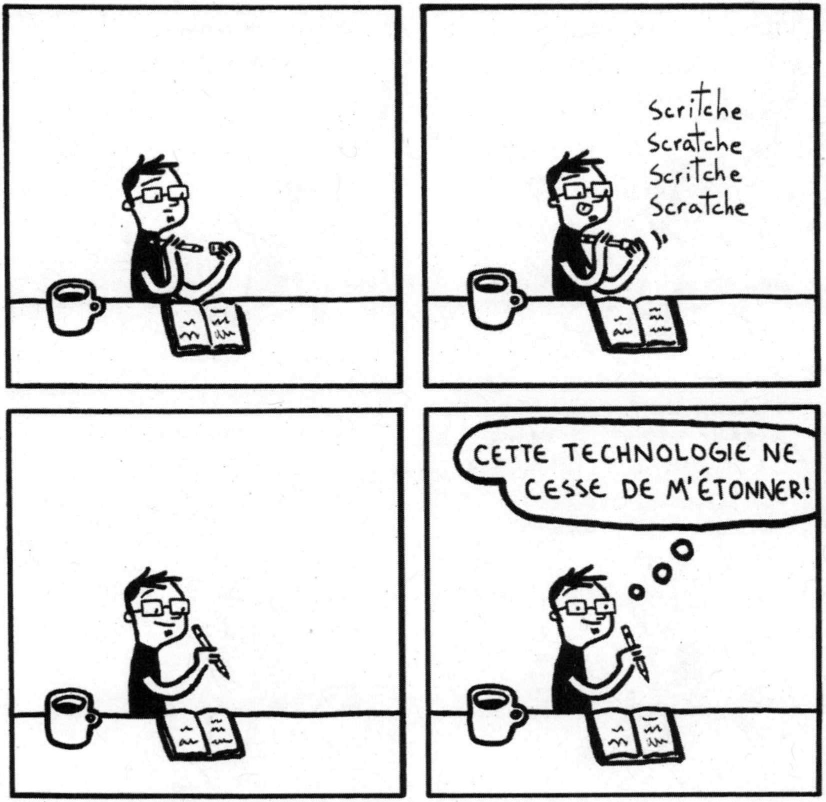
Scritche
Scratche
Scritche
Scratche
CETTE TECHNOLOGIE NE CESSE DE M'ÉTONNER!

LE COÏT INTERROMPU

J'ADORE ÉCRIRE À LA MAIN.
criche criche
CE GLISSEMENT DÉLICAT ET SENSUEL SUR LES PAGES...
criche criche criche
C'EST UNE EXPÉRIENCE PRESQUE ÉROTIQUE!
criche criche
ARGH!

LE CANAL CARPIEN

QU'EST-CE QUI M'ARRIVE ?
C'EST SÛREMENT LE SYNDROME DU CANAL CARPIEN...
JE VEUX PAS QU'ON M'AMPUTE !

LA PAUSE

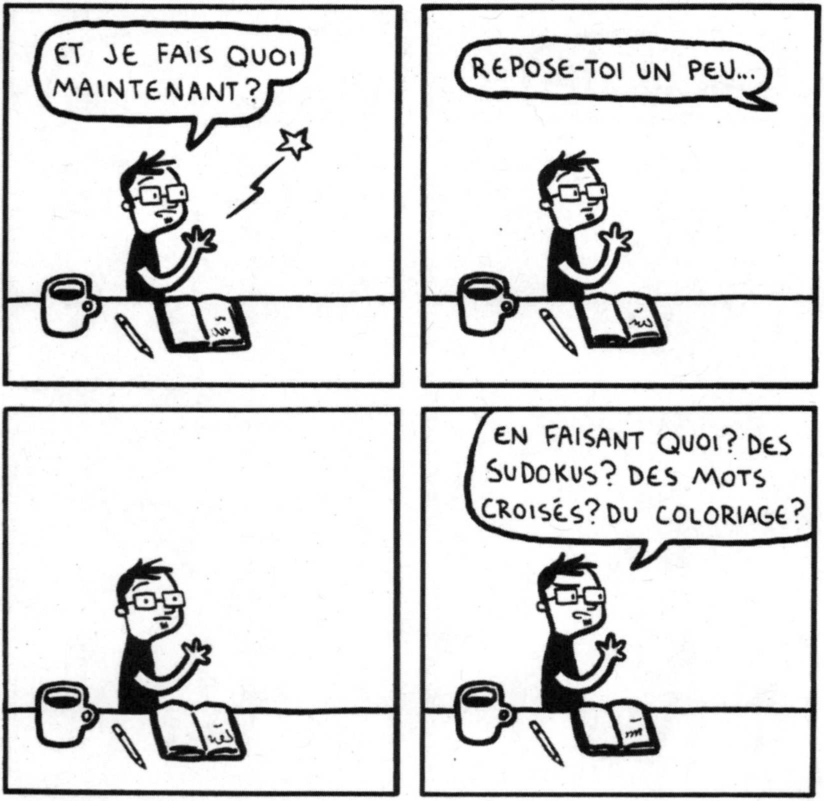
ET JE FAIS QUOI MAINTENANT?
REPOSE-TOI UN PEU...
EN FAISANT QUOI? DES SUDOKUS? DES MOTS CROISÉS? DU COLORIAGE?

LE CHEF-D'ŒUVRE OUBLIÉ

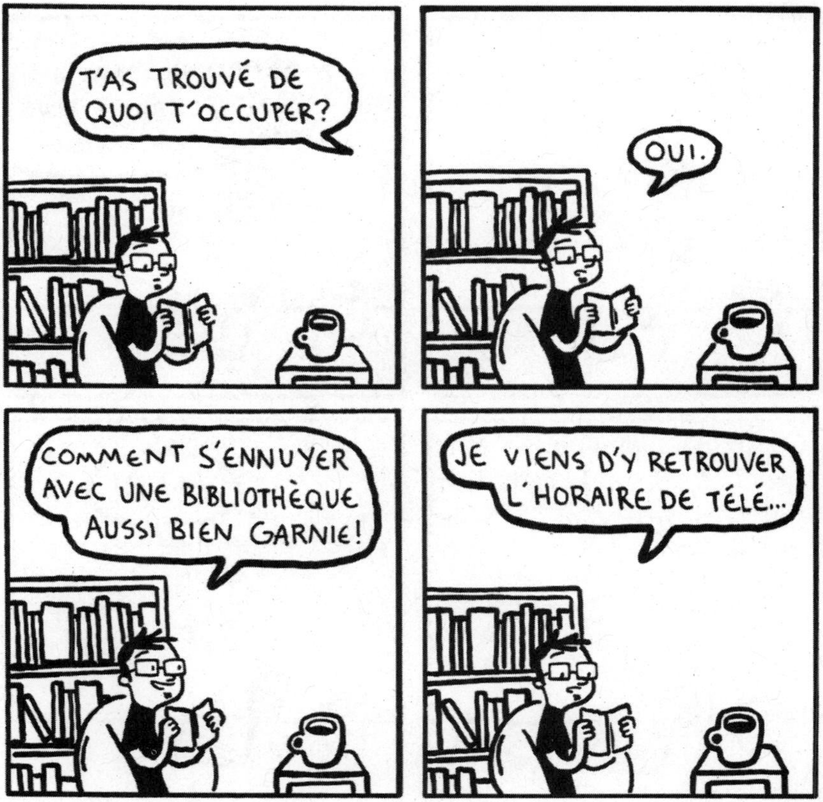
T'AS TROUVÉ DE QUOI T'OCCUPER?
OUI.
COMMENT S'ENNUYER AVEC UNE BIBLIOTHÈQUE AUSSI BIEN GARNIE!
JE VIENS D'Y RETROUVER L'HORAIRE DE TÉLÉ...

LE RETOUR

J'ADORE ÉCRIRE À LA MAIN!
MALGRÉ LE SYNDROME DU CANAL CARPIEN, JE NE POURRAIS PLUS M'EN PASSER.
ÇA APPORTE UNE FINESSE À MON STYLE, J'AI ENFIN L'IMPRESSION QUE JE DEVIENS
L'ORDI ARRIVE!
YEAH!

L'AUTEUR AU TRAVAIL

BLOBLOBLO
BLOBLOBLO
PONK
BLOBLOBLOB!
GAME OVER!
TU FAIS QUOI, MON CHÉRI?
JE TRAVAILLE MON ROMAN!
BLOBLOBLOBLBO
PONK
BLOBLOBBLOB!

LE CHOIX DES MOTS

... et c'est alors que sous ses pieds s'ouvrit un terrifiant maelstromme...

maïlstrom

mäelstrum

... et c'est alors que sous ses pieds s'ouvrit un méchant gros trou.

PERSÉVÉRANCE

BLIP. AUCUN NOUVEAU COURRIEL.
BLIP. AUCUN NOUVEAU COURRIEL.
BLIP. AUCUN NOUVEAU COURRIEL.
BLIP. AUCUN NOUVEAU COURRIEL.
BLIP. AUCUN NOUVEAU COURRIEL.
BLIP. AUCUN NOUVEAU COURRIEL.
FIOU!
BLIP. NOUVEAU COURRIEL DE: MUSE.

LA TRANQUILLITÉ

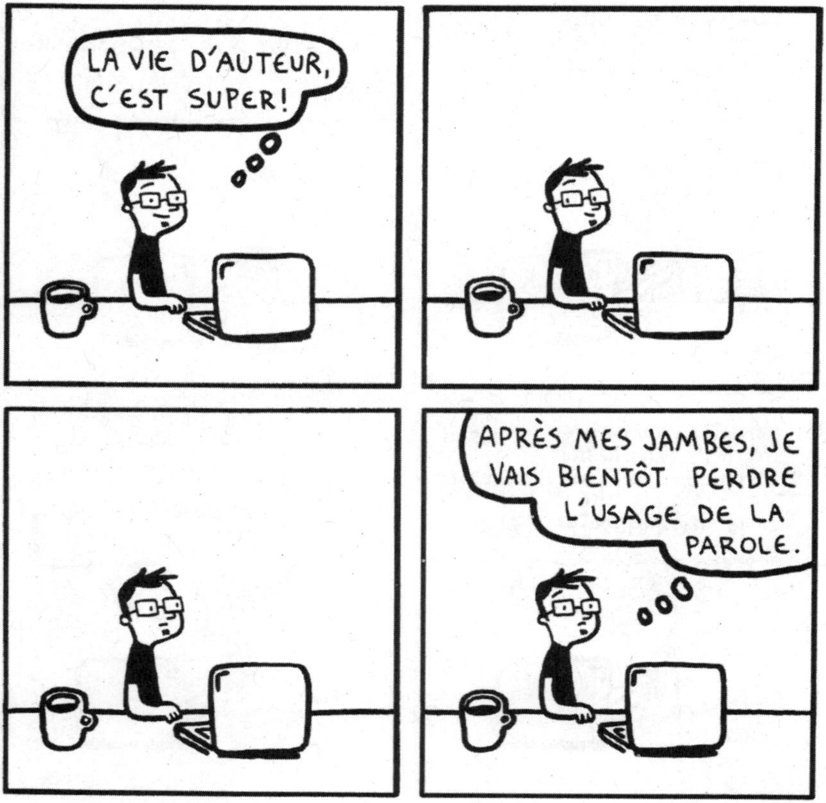
LA VIE D'AUTEUR, C'EST SUPER!
APRÈS MES JAMBES, JE VAIS BIENTÔT PERDRE L'USAGE DE LA PAROLE.

LA DOSE

...Daniel roulait à une vitesse folle sur une route de terre en direction du Mexique. Dans la poussière qu'il soulevait sur son passage, il apercevait une voiture de luxe. Michael, l'arme au poing, était prêt à tout pour se venger de l'affront que Dani[...] avait fait subir. Il ne pard[...] pas que la femme

claclac
claclac

qu'il avait tant aimée le quitte et se retrouve ensuite à fréquenter un minable gérant de boutique de disques. Michael avait tout: la carrière, le succès, l'argent, la beauté, une belle voiture avec air climatisé et bang[...]es de cuir, pas de poils dans [...] reilles et une soif de veng[...] Le soleil qui se

claclac

couchait lui arrivait droit dans les yeux mais, sans hésiter, il sortit son arme par la fenêtre et tira. Daniel entendit une balle s'enfoncer dans le métal rouillé de sa vieille camionnette. Il manqua de dérape[...] prenant un virage trop vit[...] il ne pouvait plus reculer. [...]re de prendre...

claclac

TOUT DE MÊME, FAUT QUE JE COUPE LE CAFÉ PASSÉ MINUIT...

L'ABOUTISSEMENT

C'EST FINI. J'AI ENFIN TERMINÉ MON PREMIER ROMAN!
IL FAUT FÊTER ÇA!
BLOBLOBLOBLBO PONK BLOBLOBBLOB!

LE CONTRECOUP

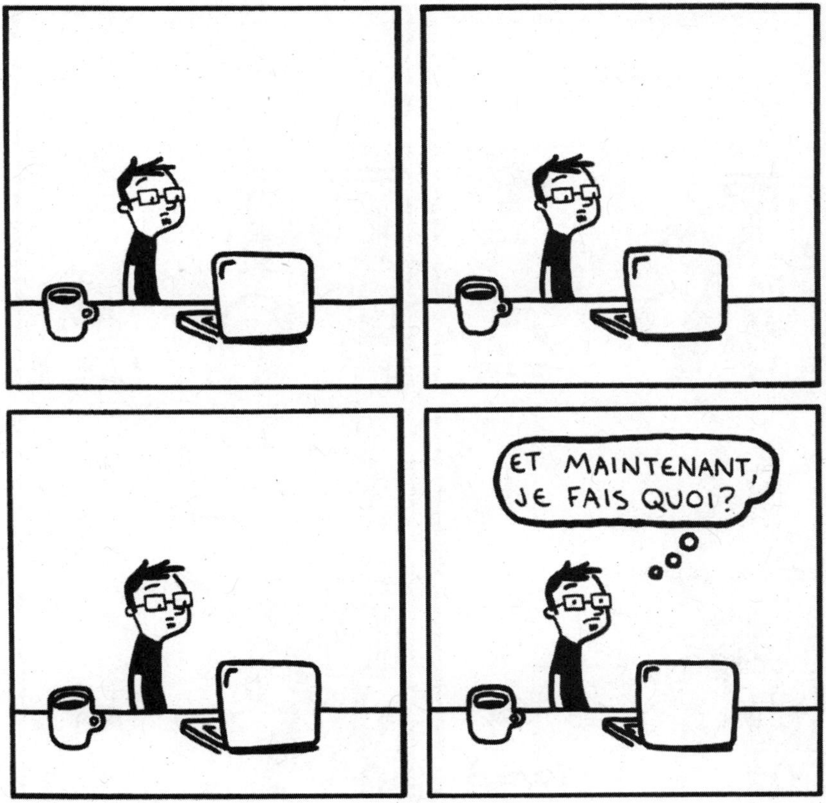
ET MAINTENANT, JE FAIS QUOI?

LE DEUIL

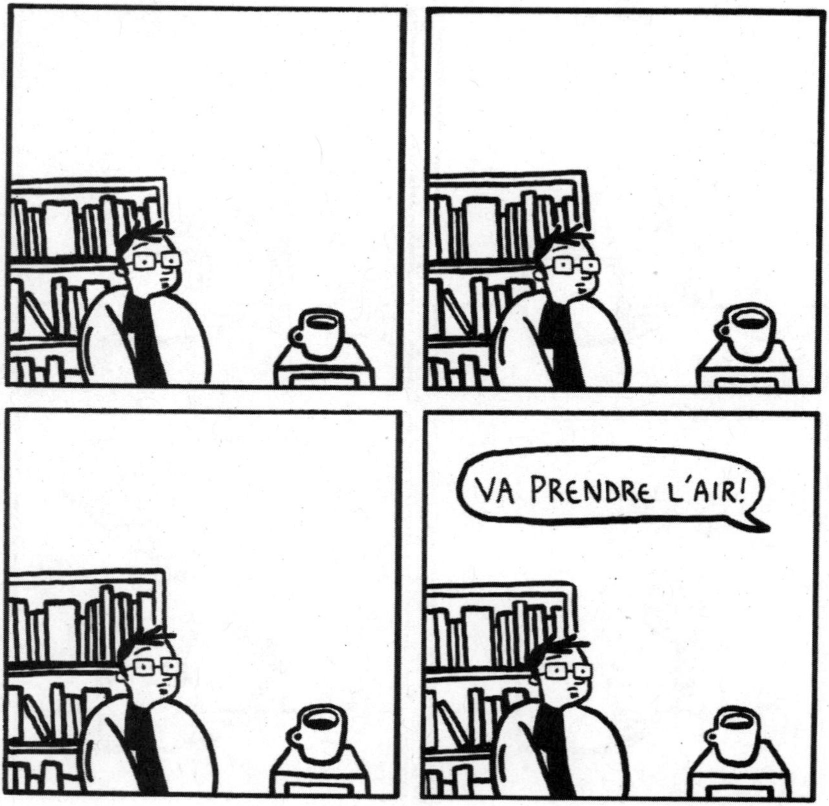
VA PRENDRE L'AIR!

LA STRATÉGIE

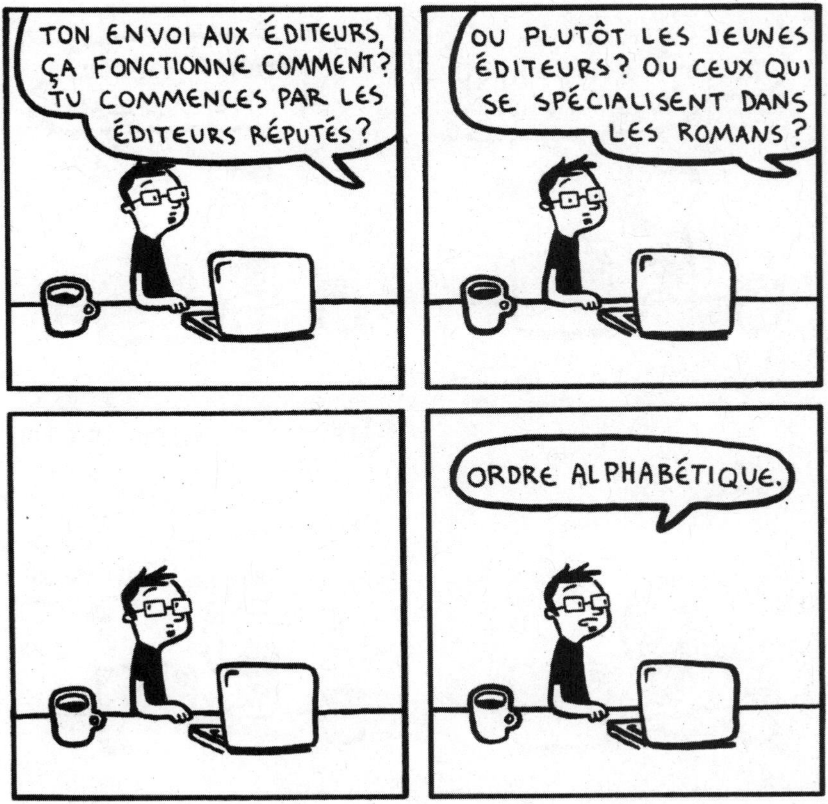

TON ENVOI AUX ÉDITEURS, ÇA FONCTIONNE COMMENT? TU COMMENCES PAR LES ÉDITEURS RÉPUTÉS?
OU PLUTÔT LES JEUNES ÉDITEURS? OU CEUX QUI SE SPÉCIALISENT DANS LES ROMANS?
ORDRE ALPHABÉTIQUE.

L'ENVOI

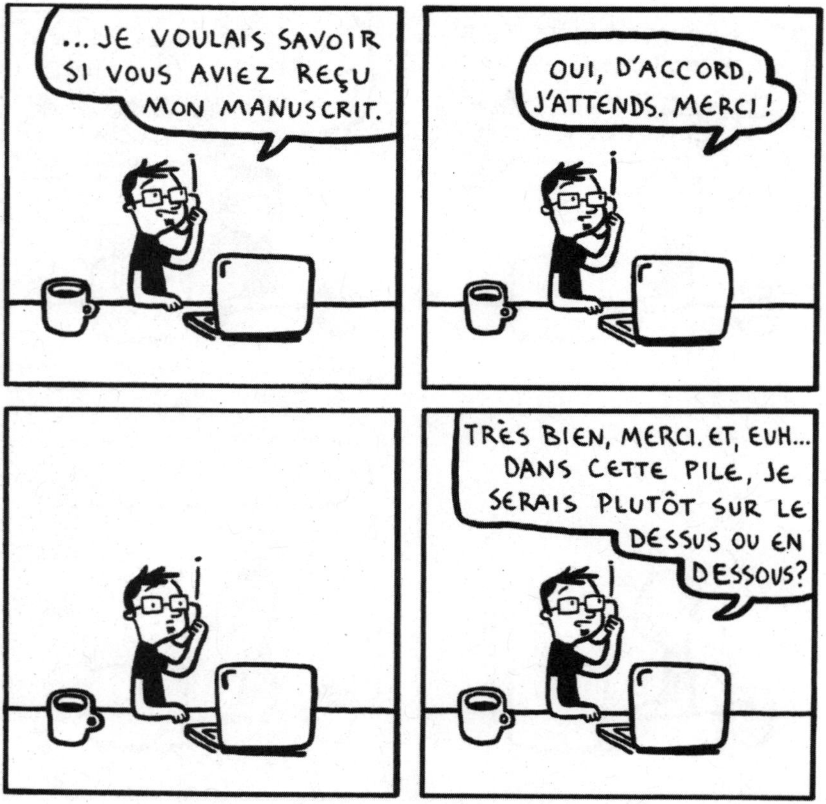
... JE VOULAIS SAVOIR SI VOUS AVIEZ REÇU MON MANUSCRIT.
OUI, D'ACCORD, J'ATTENDS. MERCI !
TRÈS BIEN, MERCI. ET, EUH... DANS CETTE PILE, JE SERAIS PLUTÔT SUR LE DESSUS OU EN DESSOUS?

LA PATIENCE

... OUI, JE VOULAIS JUSTE M'ASSURER QUE VOUS AVIEZ REÇU MON MANUSCRIT...
TU VIENS PAS TE COUCHER?
ALLO?

LE RECYCLAGE

IL Y A DU COURRIER?
UN MANUSCRIT RETOURNÉ...
GARDE L'ENVELOPPE.
ÇA VA M'ÉVITER D'EN GASPILLER UNE AUTRE JUSTE POUR LEUR ENVOYER UN RAT MORT.

LE NOUVEAU MOT

OUI, JE VOULAIS M'ASSURER QUE VOUS AVIEZ BIEN REÇU MON MANUSCRIT...
VOUS L'AVEZ?
OUI, MERCI ENCORE!
CRÉMATORIUM?
WWW.DICTIONNAIRE.COM

LA NÉGOCIATION

OUI? VOUS SOUHAITEZ PUBLIER MON ROMAN?
SUPER! J'EXIGE 25% DES PROFITS ET UNE AVANCE DE 40 000 DOLLARS.
AH?
OUI, D'ACCORD, DIX COPIES GRATUITES, ÇA ME CONVIENT AUSSI!

LE COURRIER

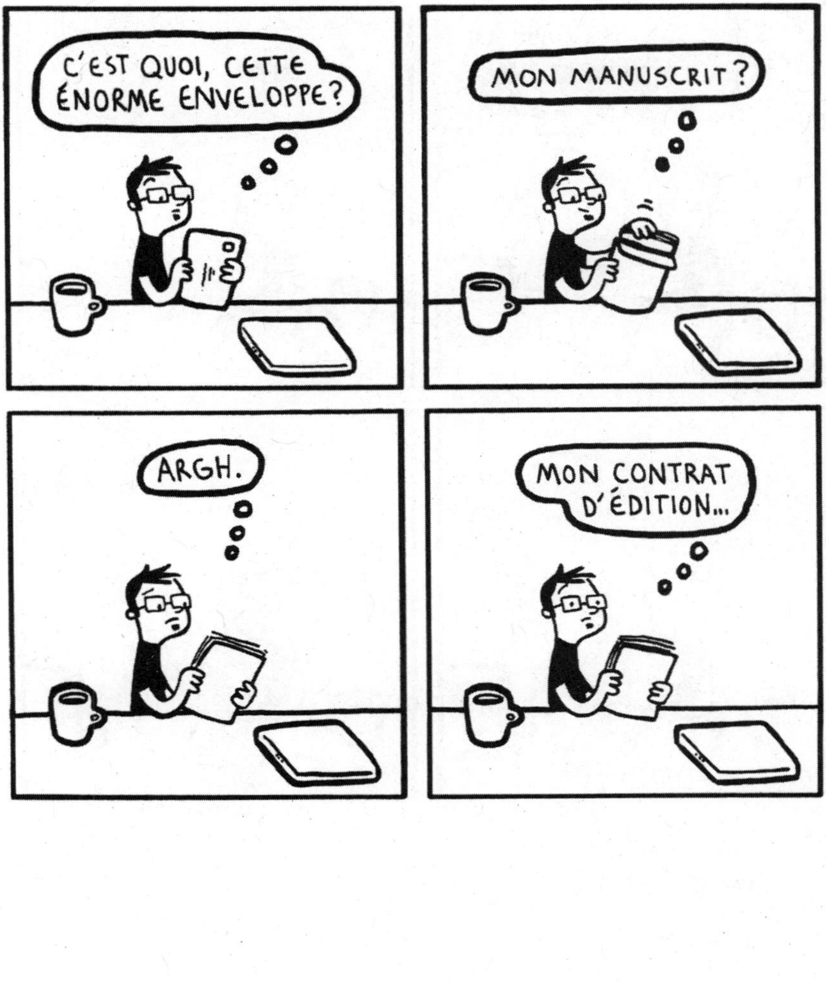
C'EST QUOI, CETTE ÉNORME ENVELOPPE?
MON MANUSCRIT?
ARGH.
MON CONTRAT D'ÉDITION...

LE CONTRAT

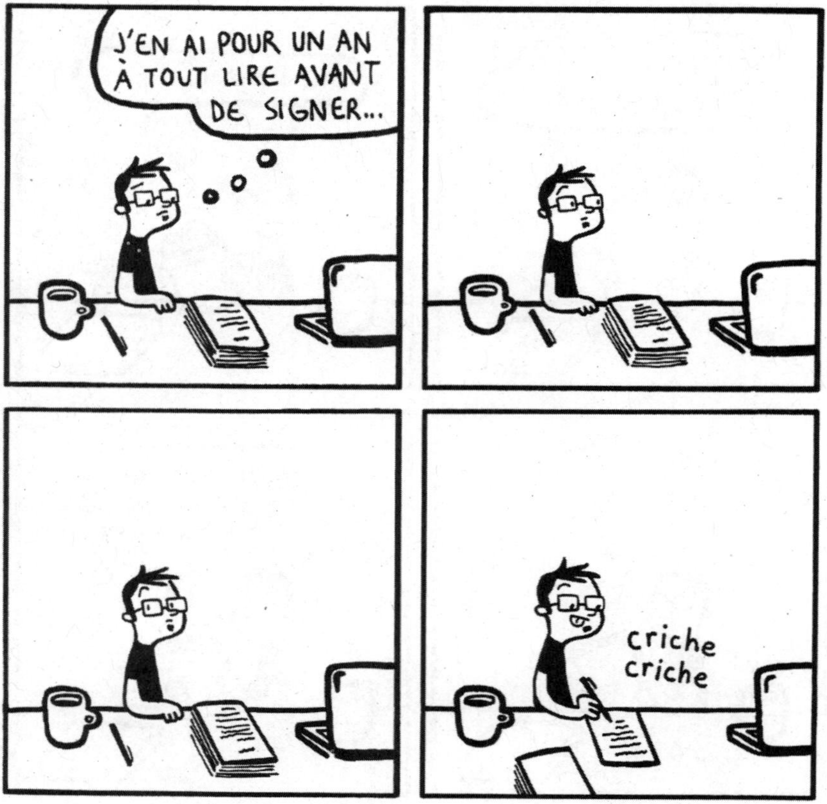
J'EN AI POUR UN AN À TOUT LIRE AVANT DE SIGNER...
criche criche

LA PHOTO D'AUTEUR

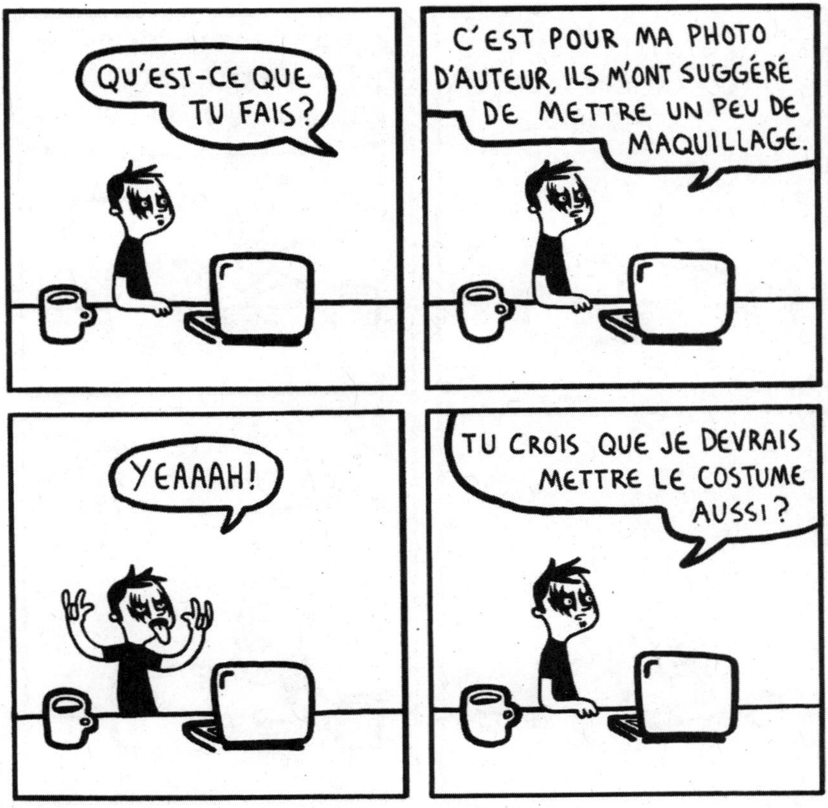
QU'EST-CE QUE TU FAIS?
C'EST POUR MA PHOTO D'AUTEUR, ILS M'ONT SUGGÉRÉ DE METTRE UN PEU DE MAQUILLAGE.
YEAAAH!
TU CROIS QUE JE DEVRAIS METTRE LE COSTUME AUSSI?

LA PHOTO D'AUTEUR 2

J'AVOUE, J'AI UN PEU EXAGÉRÉ SUR LE MAQUILLAGE...
JE VOUS ENVOIE UNE PHOTO QUI POURRAIT SERVIR. IL FAUDRAIT JUSTE LA COUPER.
BLIP
NON, JE SUIS À DROITE! À GAUCHE, C'EST MA MÈRE...

LE VÉCU

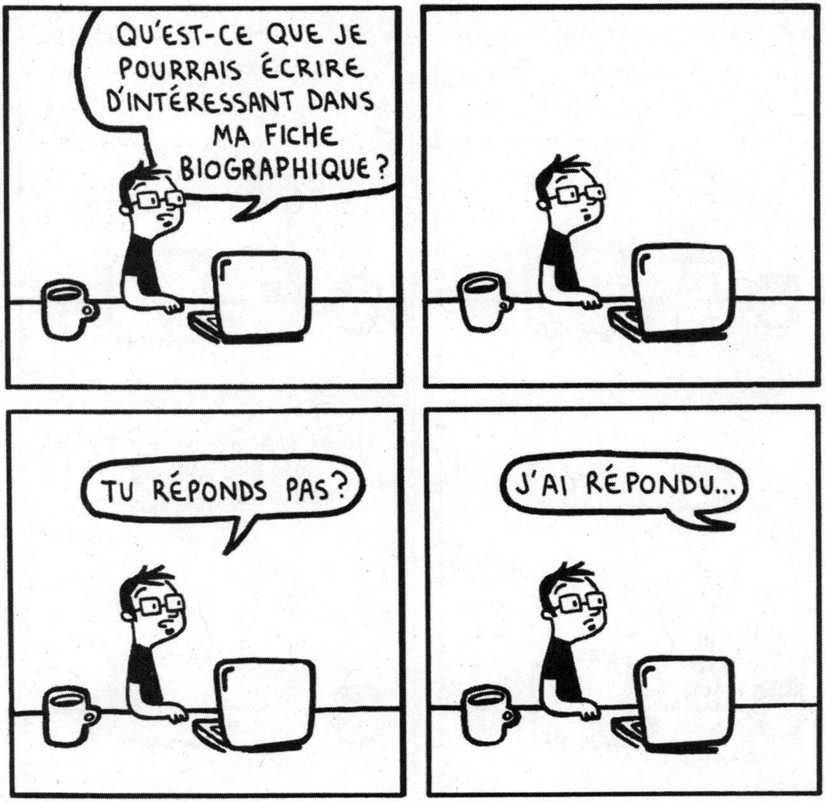
QU'EST-CE QUE JE POURRAIS ÉCRIRE D'INTÉRESSANT DANS MA FICHE BIOGRAPHIQUE ?
TU RÉPONDS PAS?
J'AI RÉPONDU...

LA FICHE BIOGRAPHIQUE

ÇA ME PREND ABSOLUMENT UNE BIOGRAPHIE POUR LA COUVERTURE DU LIVRE...
J'AI TROUVÉ!
L'auteur a écrit ce livre.
claclac
claclac

LE TITRE

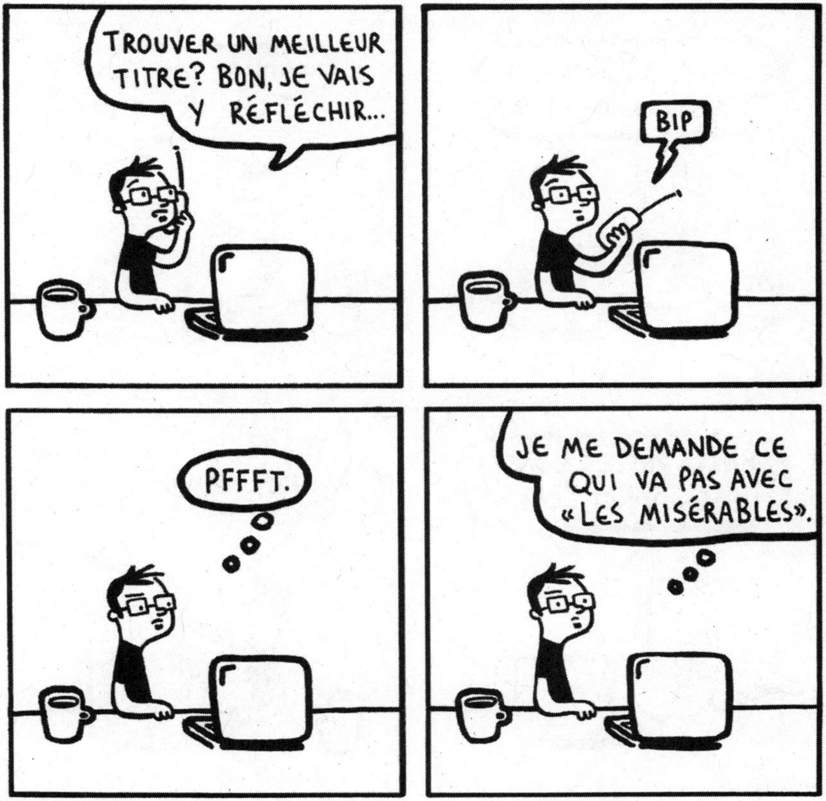
TROUVER UN MEILLEUR TITRE? BON, JE VAIS Y RÉFLÉCHIR...
BIP
PFFFT.
JE ME DEMANDE CE QUI VA PAS AVEC «LES MISÉRABLES».

LE TITRE 2

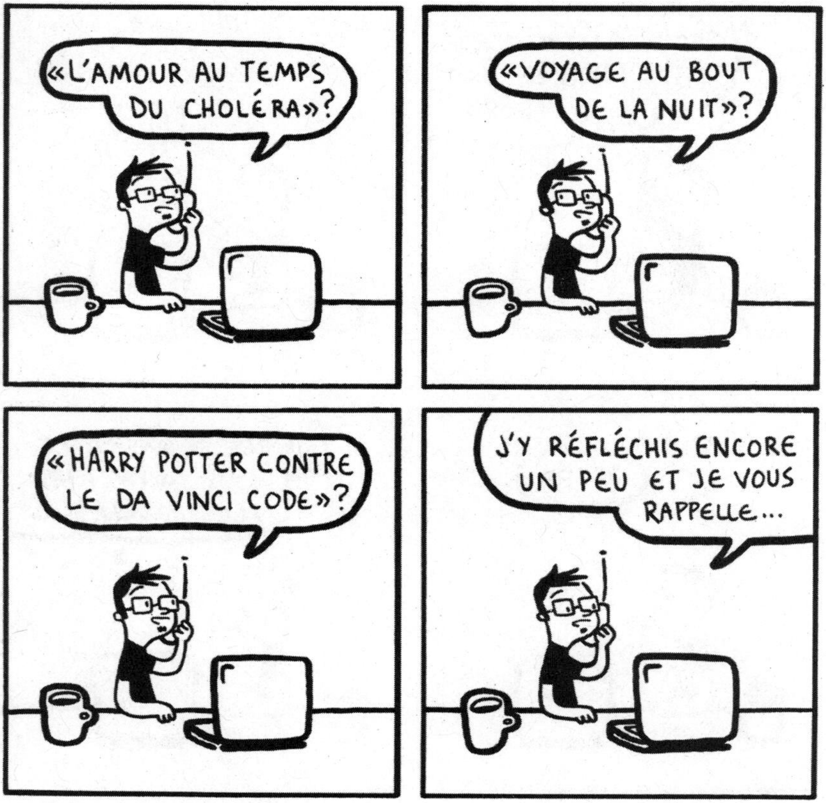
«L'AMOUR AU TEMPS DU CHOLÉRA»?
«VOYAGE AU BOUT DE LA NUIT»?
«HARRY POTTER CONTRE LE DA VINCI CODE»?
J'Y RÉFLÉCHIS ENCORE UN PEU ET JE VOUS RAPPELLE...

LA COUVERTURE

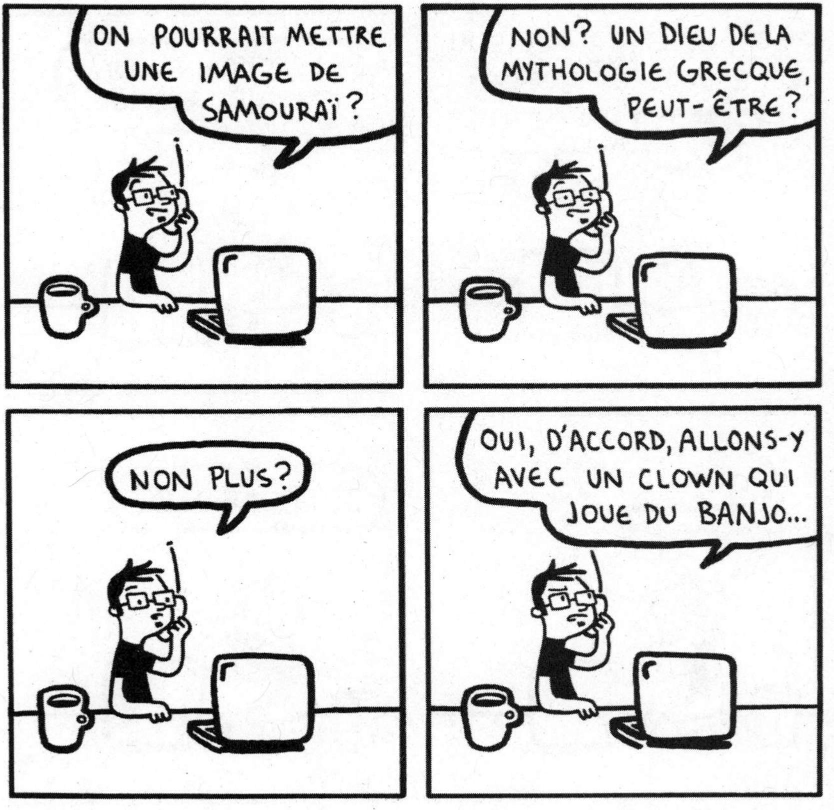

ON POURRAIT METTRE UNE IMAGE DE SAMOURAÏ ?
NON? UN DIEU DE LA MYTHOLOGIE GRECQUE, PEUT-ÊTRE?
NON PLUS?
OUI, D'ACCORD, ALLONS-Y AVEC UN CLOWN QUI JOUE DU BANJO...

LE TITRE FINAL

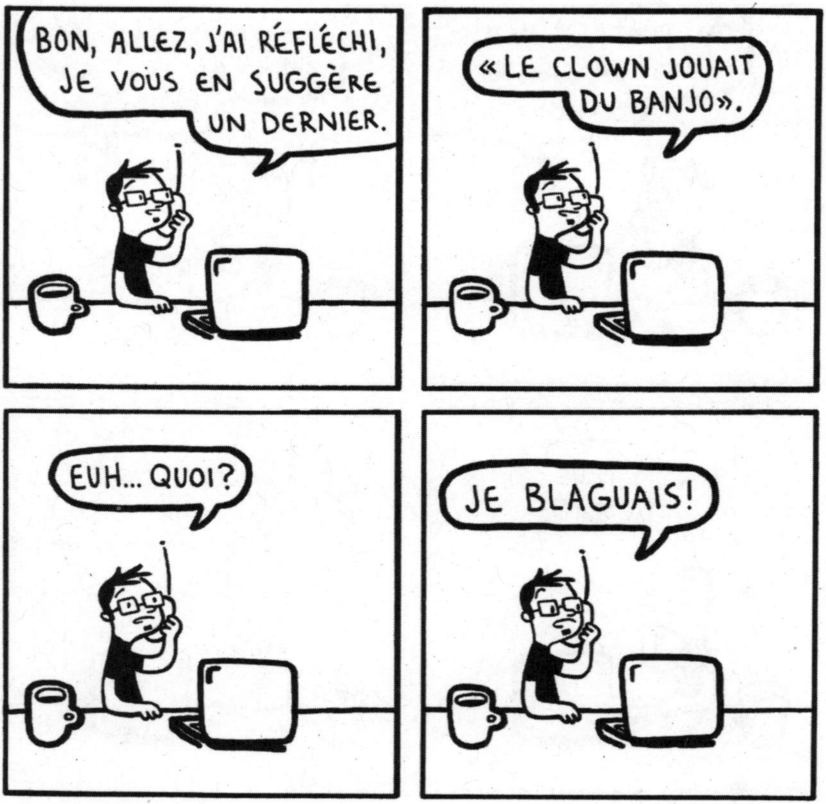
BON, ALLEZ, J'AI RÉFLÉCHI, JE VOUS EN SUGGÈRE UN DERNIER.
« LE CLOWN JOUAIT DU BANJO ».
EUH... QUOI?
JE BLAGUAIS!

LE DÉBUT DE LA FIN

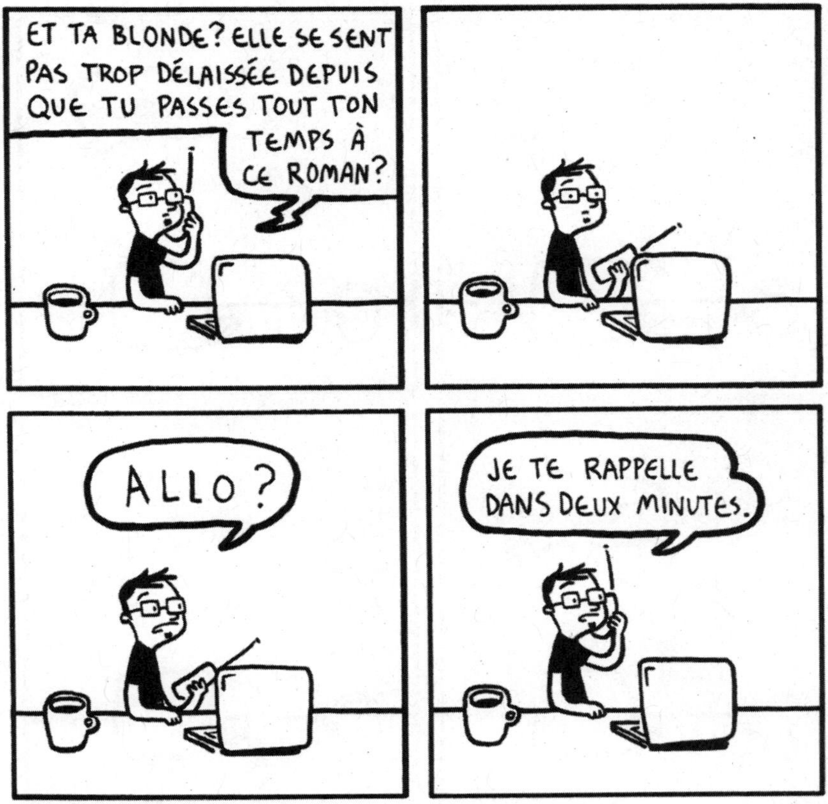
ET TA BLONDE? ELLE SE SENT PAS TROP DÉLAISSÉE DEPUIS QUE TU PASSES TOUT TON TEMPS À CE ROMAN?
ALLO?
JE TE RAPPELLE DANS DEUX MINUTES.

LA FIN

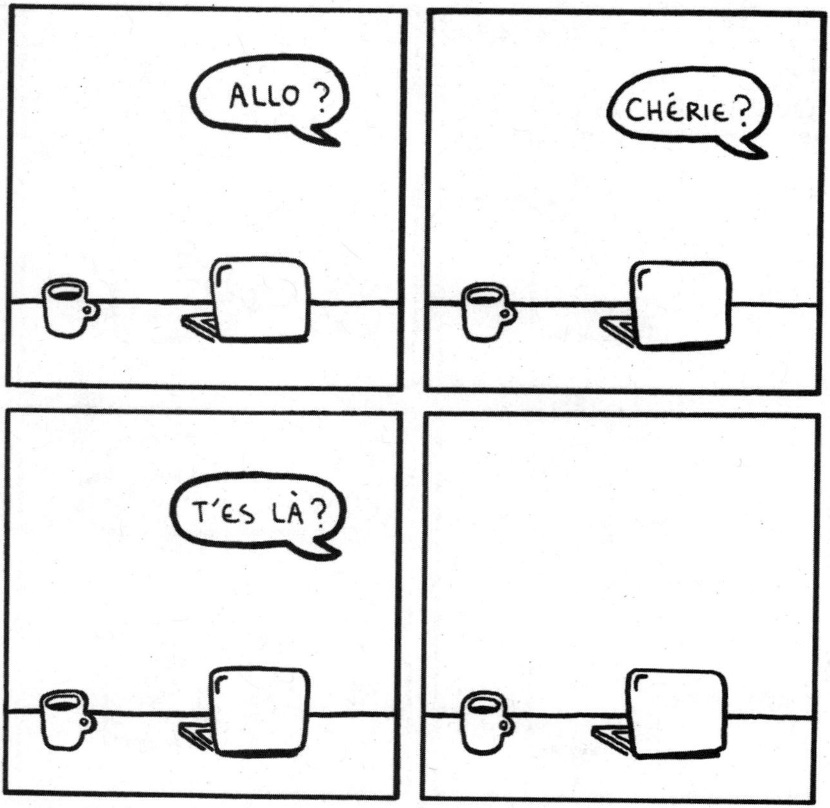
ALLO ?
CHÉRIE ?
T'ES LÀ ?

LA RÉALITÉ

À CAUSE DE SON PERSONNAGE DANS LE LIVRE «NICOLAS», LA PREMIÈRE FOIS QUE J'AI RENCONTRÉ PASCAL, JE CROYAIS QU'IL RESSEMBLAIT À ÇA :

EN RÉALITÉ, IL EST PLUTÔT GRAND.

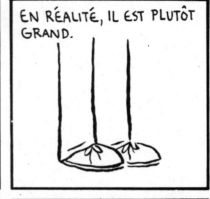

ET LUI, AYANT COMMENCÉ À DESSINER «JEUNAUTEUR» AVANT DE ME RENCONTRER, CROYAIT QUE JE RESSEMBLAIS À ÇA :

ALORS QUE JE RESSEMBLE PLUTÔT À ÇA :

RHAAAAARGH!

BAM

Marquis imprimeur inc.

Québec, Canada
2008

L'impression de cet ouvrage a permis de sauvegarder l'équivalent de 15 arbres de 15 à 20 cm de diamètre et de 12 m de hauteur.